LA

FAMILLE DE COMBOURCIER

FAMILLES DAUPHINOISES OUBLIÉES

LA
FAMILLE DE COMBOURCIER

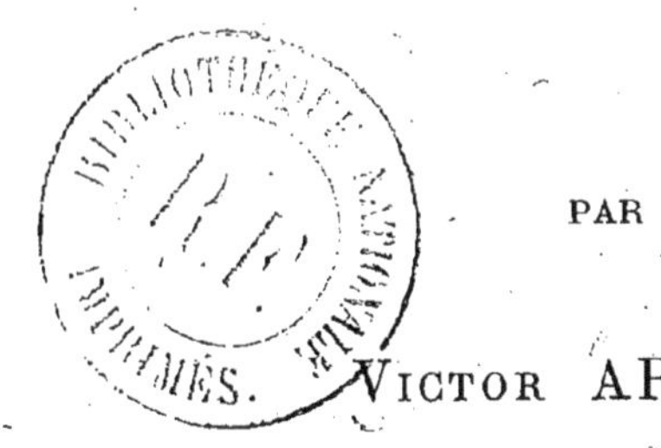

PAR

VICTOR ARNAUD
(DE LA MURE)

GRENOBLE
IMPRIMERIE F. ALLIER PÈRE ET FILS
26, Cours Saint-André, 26
1894

A MON PAYS

C'est à mon Pays que je dédie ce modeste volume, à mon vieux Pays de la Mure, que j'ai toujours beaucoup aimé.

C'est pour lui conserver quelques pages intéressantes de son histoire et des documents qui auraient pu se perdre pour toujours, que j'écris à un âge où mieux vaudrait laisser la plume et méditer ces vers du poète latin :

> Eheu ! fugaces, Posthume, Posthume,
> Labuntur anni, nec pietas moram
> Rugis et instanti senectæ
> Afferet, indomitæque morti [1].
>
> *Horace.* Ode XIV, livre 2e.

[1] Ah ! comme elles s'en vont, Posthume nos années !
La vertu ne saurait, quel que soit son effort,
Retarder avec nous les rides déjà nées,
Non plus que la vieillesse et l'indomptable mort.

Par ce temps de lectures légères, où le journal est devenu le pain quotidien, on ne lit plus les livres sérieux. Pourquoi celui-ci, avec ses imperfections, échapperait-il à la loi commune ?

Aussi me croirai-je suffisamment récompensé, si mes compatriotes trouvent quelque plaisir à lire ces pages ignorées de leur histoire et si, dans le silence de son cabinet de travail, quelque érudit Dauphinois pense que je n'ai pas fait œuvre inutile.

Cette dernière récompense, je puis croire déjà l'avoir obtenue. L'Académie delphinale a bien voulu donner l'hospitalité, dans son Bulletin, à la première partie de ce travail sur la famille de Combourcier, et son distingué Président, notre compatriote, le savant critique, m'a beaucoup encouragé à mener mon labeur à sa fin. Qu'il me soit permis d'en exprimer ici toute ma gratitude.

FAMILLES DAUPHINOISES OUBLIÉES.

Cette partie du titre pourra paraître trop vaste, peut-être ambitieuse. Elle m'a paru s'appliquer bien à mon sujet, quoique je n'aie pas le projet de poursuivre une série d'œuvres semblables. On ne fait plus de projets à mon âge. Mais je n'entends pas faire de ce titre ma propriété exclusive. Que d'autres plus jeunes et plus instruits des choses du Dauphiné en fassent leur profit, si cela peut leur plaire, et nous donnent une longue série d'histoires intéressantes.

PREMIÈRE PARTIE

BRANCHE DES SEIGNEURS DE RATIER ET DU MONÊTIER

CHAPITRE PREMIER.

RUINES DE RATIER, TOUR DU TERRAIL, DÉTAILS HISTORIQUES.

Si, voyageant autour de La Mure, on ne craint pas d'acheter, au prix d'un peu de fatigue, la vue d'un site pittoresque et accidenté, c'est vers les ruines du château de Ratier qu'il faut porter ses pas. Peut-être sera-t-on tenté de voir de près ce qui reste du vieux manoir féodal? Mais au sommet du cône aigu sur lequel il était perché, on ne trouvera plus que quelques pans de murs croulants, marquant encore la place de deux tours carrées et, entre elles, l'emplacement d'un bâtiment considérable. Leur silhouette se détache vigoureusement du fond sombre que leur font les schistes ardoisés de la montagne voisine. Elle donne à ce site sauvage une empreinte mélancolique et fait songer à tout ce que peuvent entasser de ruines et le temps et les hommes.

Au fond du ravin qui se creuse tous les jours davantage, le petit torrent de la Roisonne promène ses eaux bleues et sème ses ravages. Comme contraste et pour reposer son regard, le touriste rencontre, un peu au delà, les vertes prairies d'Oris, et plus près de lui, presque à ses pieds, les vergers plantés d'arbres à fruit, les terres fertiles des villages de Roison-le-Haut et de Roison-le-Bas, dont les maisons blanchissent çà et là dans la ramure des vieux noyers.

Les habitants de ces deux hameaux furent, à quelques siècles en arrière, les vassaux des Sires de Ratier; mais si, parmi leurs descendants, on cherche aujourd'hui le souvenir de ce que furent autrefois ces nobles gentilshommes, on trouve que tout est oublié, et le bien et le mal qu'ils purent semer autour d'eux.

Plus près de La Mure, à côté du village du Pivol, on remarque, dans la belle saison, la verte prairie qu'on appelle le Pré du Terrail et qu'arrose une source limpide; mais on ne songe pas à voir de près l'espace labouré dont le propriétaire extrayait, il y a peu d'années encore, d'énormes pierres et des matériaux de construction. Les plis du terrain y dessinent vaguement les fossés et l'emplacement d'une tour circulaire.

C'est là qu'était la Tour du Terrail, poste avancé du château de Ratier, dont cette prairie et les meilleures terres d'alentour complétaient le domaine.

La Seigneurie de Ratier comprenait tout le pays que parcourt la Roisonne, depuis sa source, au fond de Lavaldens, vers Valnoire et le plateau de La Morte, jusqu'au point où elle perd son nom en mêlant ses eaux à celles de la Bonne, à quelques pas au-dessus du pont de Ponthaut.

Dans la division de notre ancienne province du Dauphiné, Ratier formait un mandement qui comprenait les paroisses de Lavaldens, de La Valette, d'Oris, de Siévoz et de Nantes[1].

Le château de Ratier et la seigneurie de ce nom appartinrent d'abord aux Allemans de Valbonnais, branche aînée de cette antique et noble famille du Dauphiné, dont la puissance et le nombre ont donné lieu au proverbe dauphinois : *Gare la queue des Allemans!*

Dans son testament du troisième jour des nones de juillet 1292, Eudes Alleman, Seigneur de Valbonnais, Champs et autres lieux, fait le partage, en trois parts; de son hérédité et met dans celle qu'il assigne à Guigues Alleman, son fils, son château de Ratier, avec tous ses droits, appartenances et dépendances, et tout ce qu'il possède dans les paroisses de Siévoz, d'Oris, de Lavaldens, de La Valette et de Nantes[2].

[1] Voir dans l'*Inventaire de la Chambre des Comptes du Dauphiné,* au registre coté *Designatio Castrorum,* l'information du 10 mars 1339.

[2] Item Guigonem Alamandi, filium meum, mihi hæredem instituo et jure institutionis sibi relinquo castrum meum de Raterio, cum omnibus juribus, pertinentiis, appenditiis et dominicaturis dict. castri, cum omnibus et singulis quæ habeo et possideo, vel quasi seu alter pro me, in omnibus parrochiis de Sievol, d'Auris, de Lavaudenz, de la Valeta, salvo grangiagio de quo superius ordinavi et in parrochia de Nanta.

Voir Preuve LXIII, page 65, 2e vol. de l'*Histoire du Dauphiné,* du président de Valbonnais, édition de MDCCXXII.

En 1486, le comte de Dunois possédait les Seigneuries de Ratier, de Valbonnais, d'Entraigues, du Périer et autres lieux circonvoisins[1].

Un demi-siècle plus tard, le château de Ratier et la Seigneurie de ce nom appartenaient à la famille de Combourcier, que notre vieil historien, Chorier, et Guy Allard, en son *Dictionnaire historique du Dauphiné,* qualifient d'ancienne et noble famille du baillage de Graisivaudan.

Dans son *Armorial du Dauphiné,* M. de Rivoire de Labâtie ajoute que la famille de Combourcier est l'une des plus anciennes et des plus puissantes familles de notre province, mais que, cependant, on ne connaît bien sa filiation qu'à partir de l'an 1400.

Pour ne pas sortir des bornes et du titre de ce chapitre, nous renverrons à une autre partie de ce travail la généalogie de la famille de Combourcier, et nous reprenons ces notes au 10 mars 1535.

A cette date, Humbert de Combourcier, Seigneur de Saint-Eusèbe, se trouvait retenu par la maladie en sa maison des Tours. C'est ainsi qu'il qualifie son château de La Mure, aujourd'hui possédé par les religieuses de la Nativité.

Il dictait ses dernières volontés au notaire Taverdon, dans un testament remarquable à plusieurs égards et dont il sera plus amplement question dans un chapitre spécial. Ce noble et puissant seigneur, *nobilis et potens vir,* y fait, entre ses enfants, le partage de biens très étendus, les plus considérables, croyons-nous, que cette famille ait possédés.

[1] *Lettres patentes du roi Charles VIII,* du 18 janvier 1486, en l'*Inventaire de la Cour des Comptes de Dauphiné.*

Entre autres dispositions, il lègue à Guigues de Combourcier, son second fils, ses châteaux, seigneuries, censes, revenus, droits et appartenances, ès mandements, terres et juridictions de Ratier et du Monêtier-d'Ambel.

Mais Humbert et Guigues de Combourcier sont morts, ce dernier laissant de son mariage avec noble dame Louyse Terrail de Bernin[1], trois filles, Guigonne, qui fut mariée à Fauquet de Tholon, Marguerite, mariée à Jean d'Arces, et Anne, qui épousa successivement Jacques de Sautereau et Jean de Laval, et en outre un fils, Balthazard de Combourcier, qui succéda à son père dans les Seigneuries de Ratier et du Monêtier.

CHAPITRE II.

BALTHAZARD DE COMBOURCIER.

Balthazard de Combourcier eut le malheur de vivre au moment où les guerres de religion remplissaient le Dauphiné de sang et de ruines.

[1] Le contrat de mariage entre Guigues de Combourcier et Louyse Terrail, de Bernin, nièce du chevalier Bayard, passé le 7 février 1547 devant un notaire de Grenoble, y existe encore dans les archives de la Chambre des notaires, où il a été trouvé par M. Maignien, conservateur à la Bibliothèque de Grenoble, à l'obligeance duquel nous devons ces renseignements.

Il était gouverneur de Gap en 1573.

Cette ville venait de recevoir pour évêque Pierre Paparin de Chaumont, ce singulier prélat qui, comme capitaine, s'était distingué à la bataille de Moncontour, et semblait plus apte à porter la cuirasse et le casque que la crosse et la mitre. La ville, alors pleine de troubles et de divisions, était menacée de tomber aux mains des protestants. Le nouvel évêque entra résolument dans la lutte et trouva que le gouverneur n'était pas assez ardent à l'y aider. Peut-être même pensa-t-il qu'un gouverneur militaire était de trop là où il y avait un évêque de sa valeur. Ses rapports avec Monsieur du Monêtier[1] ne tardèrent pas à s'aigrir, et si bien qu'il en résulta un procès qui dura plusieurs années devant le Parlement de Dauphiné, puis devant d'autres juridictions.

Par arrêt du Parlement de Grenoble, l'Évêque de Gap fut condamné à des dommages envers Monsieur du Monêtier, et aux dépens, le 28 juillet 1578.

Mais cet arrêt ayant été cassé à Aix, le Parlement de Provence ordonna de nouvelles informations. Cependant les parties consentirent à accepter l'arbitrage de Maugiron[2] et du conseil du Roi. Ces arbitres condamnèrent l'Évêque de Gap à reconnaître « qu'il n'avait jamais eu l'intention d'offenser Monsieur du Monêtier, qu'il le tenait pour homme d'honneur, bon et fidèle serviteur du Roi, aimant sa patrie et sans reproche ». De son côté, Monsieur du Monêtier dut reconnaître « qu'il n'avait pas voulu offenser

[1] C'est sous ce nom de Monêtier que Balthazard de Combourcier est habituellement désigné dans les récits de nos vieux historiens.

[2] Laurent de Maugiron, lieutenant général en Dauphiné. Voir *Biographie du Dauphiné,* par M. Adolphe Rochas, 2 vol. in-8°. Charavay, lib.-édit., Paris, 1856.

le prélat, qu'il le respectait et l'honorait, etc. ». Enfin, l'Évêque de Gap fut condamné à payer mille écus en cinq ans, à titre de dommages et intérêts.

Ce fut alors, et pour terminer ce différend d'une façon plus amiable, qu'intervint l'archevêque d'Embrun, Guillaume d'Avanson, oncle ou frère de la dame du Monêtier; il s'engagea envers l'Évêque de Gap, à payer pour lui une somme de trois cents écus au Gouverneur de Gap, si celui-ci n'en consentait pas l'abandon[1].

Ce procès n'était pas terminé, lorsqu'en octobre 1580 le duc de Mayenne vint, avec une forte armée et de l'artillerie, mettre le siège devant la petite ville de La Mure, très forte alors et l'un des boulevards du parti protestant. Le siège dura plus d'un mois et la ville fut énergiquement défendue. Balthazard de Combourcier s'y distingua parmi les officiers de l'armée assiégeante, et se fit remarquer à la prise du bastion qui précéda de peu celle de la citadelle.

Il était alors gentilhomme de la Chambre du Roi et chevalier de son ordre.

Il dut avoir quelque plaisir à reprendre possession de sa maison de La Mure, que les huguenots occupaient depuis plusieurs années. Mais il la trouva délabrée et en ruines. Avant de se retirer dans la citadelle, les habitants avaient mis le feu aux maisons de la ville. Il put en surveiller la réparation de son château de Ratier, qui en est peu éloigné[2].

[1] Pour plus amples détails, V. l'ouvrage de M. Charronnet, archiviste des Hautes-Alpes, intitulé : *Les Guerres de religion et la Société protestante dans les Hautes-Alpes*, in-8°, Gap, typographie de P. Jouglard, 1861, pages 85 et suivantes.

[2] La maison de M. du Monêtier devait être à la place où se trou-

Moins de trois ans plus tard, se trouvant à Grenoble, le 14 mai 1583, Balthazard de Combourcier dictait ses dernières volontés à Me Eymard, notaire en cette ville. Dans un testament, dont nous aurons à parler plus longuement dans un chapitre subséquent, il ordonnait des réparations à la chapelle fondée en l'église de La Mure, par son aïeul, Humbert de Combourcier, et déclarait vouloir y être enseveli à côté de ses ancêtres.

Par le même testament, il faisait diverses dispositions au profit des enfants nés de son mariage avec dame Louyse de Saint-Marcel d'Avanson, soit trois filles, Isabeau, Philippine et Marie de Combourcier, et deux fils, Louys et Paul de Combourcier[1].

Il s'y occupe beaucoup de son fils Louys, qui lui a déclaré vouloir être d'Église, et institue pour son héritier universel son autre fils, Paul de Combourcier.

Mais l'homme propose et Dieu dispose. Messire Balthazard de Combourcier eut cette douleur, bien poignante pour un père, de voir mourir avant lui ce fils qu'il destinait à continuer sa famille.

vent aujourd'hui la maison et l'enclos de M. Henri Giroud, donnés par lui à l'hospice de la Mure. Au commencement de ce siècle, ce quartier de La Mure était encore appelé Le Monêtier.

[1] Philippine de Combourcier fut mariée à Louys de Rosset et Marie de Combourcier fut femme de Jean Girard de Saint-Paul.

CHAPITRE III.

LOUYS DE COMBOURCIER.

En vertu de la substitution insérée audit testament, Louys de Combourcier, qui avait déclaré vouloir entrer dans les ordres sacrés et y suivre les traces de Guillaume de Saint-Marcel d'Avanson, son grand-oncle, archevêque d'Embrun, resta l'héritier universel du Seigneur de Ratier et du Monêtier, son père.

Renonçant alors à ses premiers projets, pour suivre, comme ses ancêtres, la noble carrière des armes, ce jeune gentilhomme, doué de qualités brillantes, avait épousé une fille d'illustre maison, Charlotte de La Rochefoucauld, et gagné l'amitié du roi Henri IV; mais à côté de ces belles qualités et d'un courage à toute épreuve qui lui avaient valu l'affection de son Roi, il avait de graves défauts : il était joueur et emporté jusqu'au point de n'être plus maître de lui.

Un jour de l'année 1606, il se trouvait à Paris et, dans le palais du Louvre, au moment même où le Roi négociait sa paix avec un autre gentilhomme, il tua celui-ci en présence du Roi et n'eut d'autre ressource que de prendre la fuite et, perdu de dettes et de réputation, de se jeter dans des aventures qui terminèrent d'une façon tragique une carrière promettant de plus hautes et meilleures destinées.

Dans son *État politique du Dauphiné,* notre vieil historien Chorier, en parle en ces termes :

« De cette famille était Louis de Combourcier, sieur du Terrail, que son entreprise sur la ville de Genève, si bien concertée l'an 1609, et si mal exécutée, a rendu célèbre par sa hardiesse et par son malheur. Comme il aurait eu toute la gloire du bon succès, il a eu tout le blâme du mauvais. En ces occasions, *iniquissima hæc conditio*, pour me servir des paroles et pensées de Tacite, *prospera omnes sibi vindicant, adversa uni imputantur*[1]. »

Guy Allard n'en parle pas plus longuement.

Quelle était cette entreprise? Pour le compte de qui fut-elle tentée? Les grands historiens n'en parlent pas, et le peu qu'en disent nos vieux historiens n'était fait que pour inspirer le désir d'en connaître davantage.

Ce problème historique trouva pourtant sa solution en 1868 : M. Gustave Revilliod, de Genève, y fit réimprimer chez Jules G. Fick une rarissime plaquette trouvée par lui dans la bibliothèque de son ami, le docteur Chaponnière.

Elle avait pour titre : *Véritable Discovrs de la décovverte de l'entreprise de Loys de Comboursier,* sieur du Terrail, Monstier, Rattier et autres places, vicomte de Ravel, chevalier de l'Ordre, Cornette blanche de Monsieur le Dauphin et baron de Moissac, exécuté à Genève le dix-nevfième apuril mil six cens neuf.

C'était le récit, écrit dans les six jours qui suivirent la mort de Louis de Combourcier[2] de son entreprise sur Genève, par un habitant de cette ville, encore sous l'im-

[1] V. page 120 de cet ouvrage, réimprimé à Valence en 1873 par Chenevière et Charvet.

[2] Il se termine par cette date : à Genève, ce vingt-cinquiesme apuril mil six cens neuf.

pression des faits qu'il raconte et dont, pour bonne partie, il a dû être le témoin oculaire.

Cette réimpression, dont un exemplaire nous fut procuré par le regretté M. Chaper, nous causa le double plaisir de voir la lumière se faire sur un point resté obscur de notre histoire locale et de posséder la reproduction d'un livre devenu rare.

Ce plaisir, nous aimerions à le faire partager, mais les limites de ce travail sur la famille de Combourcier ne permettent pas de reproduire intégralement ici le récit de l'auteur genevois ; bornons-nous à le résumer et à faire quelques emprunts à la note de M. Revilliod.

Ce fut dans l'armée espagnole des Pays-Bas, auprès du comte de Fuentès qu'il connaissait déjà et avec lequel il était lié, que Louis de Combourcier se réfugia, après le meurtre par lui commis, au palais du Louvre, en présence du Roi.

Il y passa six mois, puis fit, à pied, un pèlerinage à Lorette, accompagné d'un ingénieur, originaire de Bordeaux, nommé La Bastide[1] qu'il avait pris pour conseil et pour aide dans les entreprises qu'il méditait. Ils revinrent par Turin où ils trouvèrent le duc de Savoie, Charles Emmanuel.

Ce n'est pas d'aujourd'hui que s'est manifesté, chez les princes de la Maison de Savoie, le goût des annexions : le 12 décembre 1602, Charles-Emmanuel avait déjà fait, contre Genève, une tentative dans laquelle il avait échoué et, quoique ayant souscrit à la paix de Saint-Julien, il

[1] Spon, docteur et antiquaire protestant, qui a écrit une histoire de Genève, n'y dit que quelques mots de Labastide, qu'il appelle *un Bourdelois* fort connu en son temps comme grand petardeur de places.

n'avait pas perdu l'espoir de s'emparer, par violence ou par ruse, de la cité calviniste.

C'est vainement que le comte de Fuentès avait essayé de détourner Louis de Combourcier d'entrer dans les complots du Duc de Savoie contre Genève, lui faisant entrevoir qu'il le laisserait s'y engager et l'abandonnerait, si les choses tournaient à mal. Mais rien ne put arrêter l'ardent et audacieux gentilhomme.

Aidé de La Bastide, il avait étudié, soit ensemble, soit séparément, mais toujours avec le plus grand secret, les abords de la ville de Genève, cherché les côtés faibles par lesquels elle pourrait être attaquée et dressé le plan de leur entreprise. Le moment de l'exécution paraissait arrivé. Du Terrail se trouvait à Chambéry, dès les premiers mois de l'année 1609 qui devait lui être si fatale.

Mais déjà le secret, cet élément indispensable de semblables projets, avait été violé. Les Savoyards comptaient tellement sur la réussite, qu'ils avaient fait insérer dans un de leurs almanachs, imprimé à Lyon, une prédiction qui annonçait, pour le mois de mai, la prise de Genève.

Le bruit du complot était parvenu à Genève. Il y avait causé tant d'émotion que déjà et par précaution, le Conseil de la ville s'était procuré toute espèce de renseignements sur Louis de Combourcier dont il avait même réussi à trouver un portrait.

Le malheureux Terrail débutait ainsi dans les pires conditions et les incidents les plus contraires n'allaient pas tarder à se produire.

Un jour qu'il venait de se fatiguer beaucoup à une partie de paume, à Chambéry, il avait demandé qu'on lui apportât du linge chaud dans sa chambre. La Bastide et quelques autres s'y trouvaient. Le jeune valet, porteur du linge chaud, remarqua qu'à son entrée, ils étaient tous penchés sur une carte et parlaient de places. Curieux, comme beaucoup de ses pareils, il resta aux écoutes, derrière la porte, entendit qu'il s'agissait de la ville de Genève et d'un projet d'attaque contre cette ville. Un de ses frères faisait partie de la garnison. Craignant pour lui, il se hâta de le faire prévenir de ce qui se passait, par un bourgeois de Genève alors de passage à Chambéry, qui crut devoir en outre, et sans plus attendre, faire un rapport aux magistrats de la cité calviniste.

La mèche était ainsi éventée avant de fumer. Du Terrail et son compagnon avaient beau ne s'avancer que par des chemins détournés et éviter les grands centres, ils ne pouvaient manquer d'être remarqués et reconnus. C'est ce qui les attendait à Yverdun, petite ville forte du pays de Berne.

Louis de Combourcier venait de dépasser la ville après en avoir traversé le pont où il avait rencontré le bailly et quelques notables. Il les avait salués, sans qu'on eût pris garde à lui. Mais à peine sorti de la ville, il se retourna et passa un long moment à considérer l'assiette de cette place et ses fortifications. Cela suffit à attirer l'attention du bailly et de ses compagnons ; ils se demandèrent si ce n'était point Du Terrail dont on parlait beaucoup. Un instant après, ils virent s'approcher un diacre d'Yverdun qui revenait depuis peu de Genève où il avait reçu, des magistrats de la ville, des renseignements sur ce gentilhomme et sur son complot dont on faisait alors grand bruit.

Le diacre se trouvait dans son jardin, lorsqu'il vit s'avancer sur la route Terrail et La Bastide. Il se souvint qu'on lui avait dit que Louis de Combourcier était chauve.

Se porter sur son passage, le saluer fut l'affaire d'un instant, et aussitôt le rusé diacre restait tout ébahi en voyant ce gentilhomme lui montrer son chef entièrement dénudé.

Sans perdre un instant, il faisait son rapport au bailly et sans délibérer davantage, celui-ci chargeait deux de ses hommes de suivre et d'épier du Terrail et son compagnon. Un accident de cheval, au passage d'un ruisseau, les avait arrêtés au petit village de Villebeuf où, dès le lendemain, quatre hommes armés, envoyés par le bailly d'Yverdun, les invitaient à revenir auprès de lui. Deux hommes déterminés comme Terrail et La Bastide auraient eu bien facilement raison des hommes d'Yverdun, et l'auteur du *Discovrs* se demande comment ce hardi gentilhomme ne fit pas alors appel à son grand courage? Très inquiet, surpris à l'improviste, il hésita et finalement crut meilleur de se rendre à l'invitation du bailly.

Arrivé devant lui et interrogé, il donna un faux nom, dit qu'un procès l'appelait en Lorraine et demanda à être remis en liberté. Mais au lieu de faire droit à sa demande, le bailly, tout en le traitant avec certains égards, le fit garder à la citadelle, et surveiller de jour et de nuit, pendant qu'il donnait avis, en haut lieu, de cette capture.

Le lendemain, du Terrail venait de se mettre à table, lorsque sans avis préalable et sans cérémonie, il vit un nouveau personnage y prendre place en face de lui. Pâlir, se dire fatigué et demander à se retirer dans son lit, fut le parti auquel Louis de Combourcier eut recours. Il venait de comprendre qu'il était découvert. Cet homme qui s'était mis à table devant lui, n'était rien moins qu'un soldat ayant autrefois servi sous lui dans les Pays-Bas, et que Messieurs de Genève envoyaient au bailly d'Yverdun pour faire constater l'identité de du Terrail.

Se voyant ainsi reconnu, le malheureux gentilhomme s'efforça de gagner à prix d'argent le soldat avec qui il avait réussi à se ménager un instant d'entretien. Il lui offrit mille écus s'il voulait passer en Bourgogne et dire dans quel danger il se trouvait (au comte de Chaint qui l'aurait fait savoir au comte de Fuentès). La Bastide y ajoutait cent écus. Mais tout fut refusé, et ne voulant pas le laisser parler davantage au soldat, le bailly ordonna que du Terrail fut gardé plus sévèrement au château de la ville et qu'il fut séparé de son compagnon.

Dès qu'on sut à Genève que c'était bien du Terrail, l'émotion fut grande et Messieurs du petit Conseil se hâtèrent de l'envoyer demander à Messieurs de Berne sur le territoire desquels il avait été arrêté, invoquant pour cela l'amitié qui avait toujours uni les deux États et donnant pour raison que c'était contre Genève que le complot était dirigé.

Très perplexes d'abord, le petit et le grand Conseil de Berne, après quelques délibérations, consentirent à ce que du Terrail et son compagnon fussent envoyés à Genève, mais contre *lettres et sceaux* de réception. La Bastide fut laissé, pour quelques jours, à Yverdun, mais Louis de Combourcier fut, sous la conduite d'un syndic de Genève, conduit à Morges, autre petite ville du territoire de Berne, sur le bord du Léman, à huit lieues de Genève. Laissé à la garde du bailly de cette villette, c'est ainsi que l'appelle l'auteur du récit que nous résumons, il y eût trouvé le moyen de se sauver, si Dieu, dit cet auteur, ne l'eût destitué de son grand courage et esprit.

« Il y eust gens de Monsieur Desdiguières[1] qui passè-

[1] Lesdiguières était alors lieutenant général du Dauphiné. Il allait

rent par Morges, intercédant pour luy vers le Baillif, qu'il le gardast jusqu'à nouvel advis de Berne où ils alloyent pour ce même fait. Il eust à Morges garde fort faible, liberté de se pourmener par tout le chasteau, moyen de parler à qui il voulust et d'escrire à ses amis, ayant là aussi commodité de dresser une requeste à Messieurs de Berne fort artificielle et pathétique, il gagna aussi la faveur du peuple de Morges par ses belles façons, justifications et bienfaicts, dont s'il se fust présenté à la recousse seulement vingt hommes bien résolus, il était sauf, et cela estait fort aisé à exécuter, n'ayant le Lac en cest endroit là que trois petites lieues françoises, et à l'opposite de Morges tout estant au Duc. »

Pendant ce temps, Messieurs de Genève faisaient insister auprès du Conseil de Berne pour que du Terrail leur fût livré. Mais, de leur côté, le comte de Fuentès, les parents et amis de du Terrail, et les cantons catholiques travaillaient fort à Berne, pour le sauver. Quelques-uns arrivèrent trop tard, notamment l'envoyé du comte de Fuentès. N'ayant pu obtenir audience de Messieurs du Conseil que pour l'après-midi, il apprenait que, le matin même, du Terrail venait d'être remis aux Envoyés de Genève. Il y fut conduit sur une frégate armée, et pendant le trajet, dit notre auteur, l'un des seigneurs de la ville lui tint propos fort honorables et gracieux. Il lui promettait, au nom de la seigneurie, pardon, liberté et

être nommé maréchal de France le 27 septembre de la même année. Puissant comme il était déjà, on s'étonne que sa démarche auprès du Conseil de Berne en faveur de Louis de Combourcier n'ait pas eu de résultat au profit de ce dernier.

Voir la *Vie de Lesdiguières,* par Videl, ou le Dictionnaire de M. Rochas, au mot *Lesdiguières,* page 59, 2e vol.

courtois traitement, s'il voulait tout avouer, et même intercession envers le Roy. Mais il desnia toujours tout, quoique fort agité et perplexe. »

C'est le 14 avril, vers minuit, qu'il arriva à Genève et fut logé, sous bonne et forte garde, à l'Hôtel de Ville. A compter de ce jour, les choses devaient marcher rapidement : dès le lendemain, il était conduit devant le Conseil; pour l'amener à des aveux, on lui renouvela les promesses déjà faites en route, mais regardant comme contraire à son honneur de gentilhomme tout aveu qui aurait pu compromettre le Duc de Savoie, il persista dans ses négations, même après avoir été confronté avec le soldat La Baleine. Cette attitude lui valut un traitement plus rigoureux. Le 17 avril au matin, il était conduit de l'Hôtel de Ville en prison et mis au secret.

Ramené d'Yverdun, La Bastide, à son tour, était mis en présence du valet du jeu de paume de Chambéry qui affirmait l'avoir vu présenter un plan à du Terrail. La Bastide persistant à nier toute remise de plan, ou autre papier, fut mis à la question. Le malheureux ingénieur soutint bravement deux coups d'estrapade, mais au troisième il fit des aveux complets. Aussitôt après, il fut confronté avec du Terrail qui commença à le désavouer, mais La Bastide persistant en ses *confessions*, et du Terrail se voyant prêt à être mis à la question, confessa de même tout le fait, la larme à l'œil, quand il fut en présence du bourreau et des instruments de torture. Si le malheureux de Combourcier versait des larmes de rage, croyant trahir le Duc de Savoie, il avait tort, car l'avis du comte de Fuentès qu'il serait abandonné par lui au moment décisif s'était trop bien vérifié. Son aveu aurait au moins dû lui sauver la vie, mais nous allons voir qu'au lieu de se montrer clémente et magnanime envers un ennemi vaincu presque avant d'avoir commencé son entreprise, Genève préfèra rester froide et cruelle, suivant les principes de son grand Calvin qui faisait exécuter ceux qui se permettaient de différer d'avis avec lui.

Voici, d'après notre auteur Genevois, en quoi consistait le plan ainsi découvert et avoué :

« Terrail et le Duc avoyent faict desseing de quatre ou cinq basteaux plats qui ordinairement meinent grande quantité de boys en la ville et particulièrement au moys de May, qu'on faict la provision, loger à couvert, sous du boys arengé cent cinquante ou deux cens hommes choisis, dans chaque basteau, qui approchoyent, sans soupçon, veu que les basteliers apostez devoiyent estre revestus des habits de nos basteliers. Quant à la visite qui se faisoit par cydevant dans la ville, ils ne s'en soucioyent pas, ayant délibéré de tuer soudainement les visiteurs et saulter en gros hors des basteaux. En un instant, ils devoyent amasser leurs trouppes en des valées de ces montagnes là, du tout écartées du commerce de ceux de Genève, et à poinct nommé, les charger une nuict dedans ces basteaux, lorsqu'ils verroyent qu'une favorable bise se serait levée, laquelle, en ce temps-là, a accoustumé de durer quelques jours. Du Terrail debuoit estre au premier basteau, le Duc, ou son fils aisné, y debuait aussi estre au dernier, après que le premier effort auroit esté fait, le Duc ou son fils debuoyent aussi avoir d'autres trouppes, surtout de Cavalerie preste, lesquelles, souz ombre des nopces de M. de Nemours, qui se debuoyent célèbrer à Annissy, en Savoye à huict lieues de Genève, et combien que l'empeschement et retardement desdites nopces leur apportast quelque difficulté, il y avait tant de rencontres et opportunité d'ailleurs, qu'ils tenoyent l'entreprinse pour infaillible, la facilité estoit en ce que l'embarquement pouvoit estre faict secrettement, le vent favorable portant au quart du temps, ce qui est requis par terre, et que la visite des basteaux se faisoit dedans la ville, après l'arrivée desdits basteaux et pensoyent que cinq cens hommes, ou plus, jettez dedans la ville eussent pu arrêster tout le peuple et se fussent saisis du canon du Port et aussi de la porte de Rive, par laquelle le Duc, ou son fils avec les trouppes, par terre, fussent entrez en gros, l'entreprinse estoit assignée en une saison en laquelle la ville semble estre plus desgarnie pour les fainaisons et autres œuvres champestres, et à l'heure du disner qu'il semble que chascun se retire. »

« Les craintes que fit naître à Genève l'entreprise de du Terrail et de la Bastide furent grandes et les inquiétudes du monde réformé, en voyant la citadelle du Calvinisme menacée de si près, ne laissèrent pas que d'être vives; quelle que fût l'horreur qu'inspirât un complot connu et approuvé par Charles-Emmanuel, au mépris des traités et de la foi jurée, les incidents romanesques qui avaient entouré le début, jetèrent une sorte d'intérêt sur ceux qui l'avaient formé. Un moment, les partisans de du Terrail et de la Bastide purent concevoir l'espérance d'avoir sauvé leurs vies, il n'en fut rien et le supplice de ces deux aventuriers paraît avoir causé, dans le monde d'alors, une émotion dont les causes étaient diverses et sont faciles à deviner[1]. »

« Du Terrail fust condemné à estre décapité en la place

[1] Note de M. Revilliod, à la suite de la réimpression du *Véritable Discours*.

du Molard, ce qui fust exécuté le Mercredy dix-neufième Apuril et ledict la Bastide à estre pendu, ce qui fust exécuté, en la même place, le Vendredy suivant vingt-uniesme dudict moys. L'un et l'autre moururent d'un grand courage et particulièrement du Terrail, sans jamais changer de contenance, ny de couleur et sans aucun geste indigne de sa vie passée. Il monstra avant le supplice beaucoup de piété peu entremeslée de superstition[1], remerciant Dieu de l'avoir conduit à luy, avec loisir de se convertir et l'invoquer pour obtenir pardon de ses fautes, mesprisant au reste la mort, l'ignonimie du supplice et le monde. On luy proposa les consolations avec toute la gravité, honneur et commiseration possible et les larmes intérieures qu'il avoit faisoyent pleurer les assistans qui oublièrent toute sinistre affection de vengeance. Il fist son testament et légua volontairement vingt escus aux pauvres de Genève. La Bastide regrettoit fort que la torture l'eust faict accuser du Terrail dont il sceut la mort, désirant d'avoir plus tôst esté tiré à quatre chevaux. Terrail a esté enterré au Boulevard de l'Oye[2]. »

Nous terminerons par ces citations le récit de ce tragique épisode. Mais nous ne pouvons nous empêcher de soupçonner l'auteur du discours ci-dessus analysé d'être l'un des magistrats chargés d'assister au supplice de du Terrail et de la Bastide, ou mieux encore l'un des pasteurs chargés de les exhorter à leurs derniers moments.

[1] Pour qui sait lire entre les lignes, il est permis de croire que Louis de Combourcier eût au moment de son supplice cette amertume et cette consolation de se souvenir des principes et des leçons de sa mère au temps de son enfance et des préceptes de son oncle l'archevêque d'Embrun, au temps où il voulait *estre d'église*.

[2] *Véritable Discours*.

La conscience encore troublée de la rapidité et de la sévérité de la condamnation et de la hâte des exécutions, il y plaide en faveur des juges les circonstances atténuantes par le soin avec lequel il fait ressortir que des avœux spontanés eussent sauvé la vie aux coupables.

« Venu au monde deux siècles après, ne cherchant qu'à jeter des lumières nouvelles sur les événements qui ont marqué l'existence glorieuse de notre pays, dit M. Revilliod, c'est en vain que nous avons interrogé les archives de Genève, celles de Berne et de Turin, nulle part nous n'avons retrouvé aucune trace importante du procès de Louis Combourcier, sieur du Terrail, et de la Bastide, tant que nous avons dû nous demander, si des mains intéressées ne seraient point parvenues, peu de temps après la catastrophe, à soustraire à la postérité tous les documents compromettants? »

C'est Manzoni qui, dans la préface de son beau roman des *Fiancés,* a dit que l'histoire « se peut véritablement définir une guerre illustre contre le temps ».

C'est donc un peu de guerre contre le temps et l'oubli que nous faisons ici et désormais, peut-être, si ce récit tombe sous leurs yeux, promeneurs et touristes aux alentours de la Mure ne passeront pas tout à fait indifférents devant les ruines du manoir de Ratier et le Pré du Terrail, et se souviendront du gentilhomme dauphinois et murois, décapité à Genève en 1609.

De son mariage avec Charlotte de La Rochefoucauld, Louis de Combourcier ne laissa qu'un fils, Jean de Combourcier qui, d'après une généalogie inédite de Guy Allard, dont nous devons une copie à M. Eugène Chaper, eut pour seule héritière une fille unique, Claudine-Marie de Combourcier, née de son mariage avec Diane de Montmaurin ; elle fut mariée à Jean d'Estaing, marquis de Saillans.

La Dame de Saillans mourut, elle-même, sans postérité, et en sa personne s'éteignit la branche des de Combourcier, Seigneurs de Ratier et du Monestier.

CHAPITRE IV.

JEAN DE COMBOURCIER.

C'est ce même Jean de Combourcier, alors mestre de de camp d'un régiment de cavalerie et maréchal de camp aux armées du Roi, qui fonda à La Mure, en 1643, le couvent et l'église des Capucins.

Il nous semble intéressant de reproduire ici l'acte de cette fondation, et d'autant plus que ce vieux monument du temps passé, ils sont rares à la Mure, vient d'être détruit récemment.

Peut-être trouvera-t-on quelques longueurs à la rédaction du tabellion de Grenoble, et eût-on préféré une simple analyse de cet acte, mais nous craindrions de lui ôter sa saveur propre et sa couleur locale. D'ailleurs, ainsi reproduit *in extenso,* il nous fournira l'occasion d'y ajouter quelques notes pouvant intéresser nos compatriotes, si jamais ce travail rencontre des lecteurs parmi eux.

FONDATION ET DONATION.

« Au nom de Dieu, à tous présents et à venir, soit notoire que cejourd'hui, compté le sixième du mois de may, avant midy, l'an de grace mille six cent quarante-trois; pardevant moy, notaire et tabellion royal à Grenoble, sous signé, présents les témoins sous nommés, s'est personnellement étably haut et puissant seigneur messire Jean de Combourcier, seigneur du Terrail et Ratier, vicomte de Ravel, baron de haut et bas Messat, mestre de camp d'un régiment de cavallerie, pour le service de Sa Majesté, maréchal de camp aux armées du Roy,

« Lequel, de son gré, franche et libérale volonté, pour luy et les siens, ayant appris que les Révérends Pères relligieux Capucins ont une mission, pour s'établir au bourg de La Mure, en cette province de Dauphiné, lesquels, dans le temps de leur séjour audit lieu, font de grands fruits de la conversion des hérétiques, instruction et affermissement des catholiques, mu de sa pure charité et pour favoriser les heureux progrès de la foy, en ces quartiers, a donné comme, par ces présentes, il donne, cède, quitte et remet et délaisse, purement, simplement et irrévocablement par charité et à l'honneur de Dieu, et à l'effet dudit établissement, aux Révérends relligieux Capucins, à la stipulation du Révérend Père Pacifique de Sainte Agnès, vicaire du couvent dudit ordre en cette ville de Grenoble, et du sieur Antoine Vignon, capitaine-châtelain du mandement de La Mure, syndic temporel de la dite Maison, icy présent et acceptant au nom des Pères relligieux de la dite Maison, et remerciant le dit seigneur du Terrail, savoir :

« Les masures de son vieux château [1] avec les plassages et

[1] Le voisinage du bastion de La Mure, point principal de l'attaque, lors du siège de 1580, avait été fatal au vieux château des Seigneurs de Ratier. C'est depuis lors qu'il était resté à l'état de ruine.

Comme on l'a vu plus haut, ils en possédaient un autre au quar-

terrains joints, suffisamment pour y faire un jardin, selon qu'il sera désigné par M. de la Repara[1], au nom dudit seigneur du Terrail, auquel il en donna le pouvoir nécessaire, situé, le tout, au bourg de La Mure, confrontant le grand chemin allant dudit Bourg au Pont de Cognet, du levant; le vieux fossé des anciennes murailles qui servaient autrefois audit bourg, du midy; jardin, grange, étable tout joint ensemble de Marthe Pellerin, jardin d'Isaac Mollière, celuy de Jean Teuchet, avec la maison, jardin de Me Pierre Simiand, la grange d'Antoine Farçat, du couchant; jardin, chenevier joints ensemble dudit Farçat, jardin de Jean des Oches, grange de Pierre Pourchier et jardin de Jean Piffard de Bise; avec et sous ses confins plus vrays, entrées, sorties, droits, commodités, appartenances et privilèges, tel qu'en ont jouy, peu et du jouir ledit seigneur du Terrail et ses prédécesseurs;

« Pour dans ledit fonds remis et donné, estre basty et construit un couvent dudit ordre, auquel effet donné, ledit seigneur du Terrail donne pouvoir et permission aux Pères Relligieux de faire prendre du bois en ses forêts du mandement de Rattier, pour le bâtiment dudit couvent, aux endroits et sellon que sera marqué par ledit de la Repara, ou autre qui sera commis par ledit seigneur du Terrail, sans que ses sujets dudit mandement soient obligés de faire aucun charroi dudit bois.

tier du Monêtier, ainsi nommé du nom sous lequel était habituellement désigné Balthazard de Combourcier, aïeul de messire Jean de Combourcier, Seigneur du Terrail.

Une troisième maison forte, ou château, située au sommet du promontoire qui termine La Mure au sud-ouest, appartenait à la branche aînée des de Combourcier, Seigneurs de Beaumont. Elle est aujourd'hui occupée par les Dames de la Nativité qui l'ont remise en excellent état.

[1] C'est le nom de son intendant, en Dauphiné.

« La dite donation est faite aux conditions suivantes, mutuelle stipulation intervenante, savoir : que ledit seigneur du Terrail sera tenu et réputé pour vray et absolu fondateur dudit couvent pour luy et ses successeurs, avec tous les honneurs et privilèges attachés aux droits et à la qualité de fondateur et que lesdits Relligieux seront obligés de faire perpétuellement les prières ordinaires et accoutumées aux fondateurs, sous lesquelles conditions s'est ledit seigneur dessaisy et dépouillé dudit fonds et masures susdonnés et lesdits Pères relligieux en a saisy et investy par vertu des présentes et tradition d'une plume, à la manière accoutumée, avec les clauses de dévestiture et investiture, constitut précaire et autres à ce nécessaires duement intervenues et au cas où il arriverait que les Pères Capucins ne fissent bâtir et construire ledit couvent, aux fonds et masures sus-donnés entre cy et six ans prochains d'huy, elles retourneront aux pouvoir et jouissance dudit seigneur du Terrail, ou des siens, sans qu'il soit permis aux Relligieux, ou à leurs successeurs, de transférer ou transmettre à d'autres personnes ledit fonds remis et donné, ni le convertir à autre usage.

« Et outre ce, pour donner moyen et faciliter ledit établissement, donne ledit seigneur du Terrail et accorde auxdits Relligieux, gratuitement et sans aucun louage, leur habitation dans sa maison[1] audit Bourg en laquelle sont à présent lesdits Relligieux, ensemble du jardin, durant six ans, commençant à la fin du terme de l'arrentement que tient sieur Antoine Fiatel des biens dudit seigneur du Terrail. Et ainsy l'ont convenu, juré et promis effectuer et accomplir, chacun en droit soy et s'y con-

[1] Celle dont il est question plus haut, dite Le Monêtier.

former à peine de tout despans dommages et intérêts, sous les obligations, renonciation et clauses requises.

« Fait et passé à Grenoble, dans la maison de Me Acthuer, où demeure et est logé ledit Seigneur du Terrail, présents : Me Jean Dumas, avocat au Parlement de Paris, résidant à Valence en Auvergne, Me Pierre Fayolle, procureur au Parlement de cette province, et Me Claude Benoît, procureur héréditaire au bailliage de Graisivaudan, témoins requis, signés avec ledit seigneur du Terrail et lesdits Père et Relligieux et Vignon.

« Ainsy : Terrail, F. Pacifique, capucin et vicaire du couvent des Capucins de Grenoble, Vignon, J. Dumas, Fayolle (Pierre), Benoît.

« Collationné de la part desdits Pères Relligieux, délivré au sieur Vignon, syndic par moy, Jacques Froment, notaire, soussigné. Froment, notaire [1]. »

Lorsqu'il faisait cette donation, le noble et vaillant Seigneur avait-il le pressentiment d'une mort prochaine? C'est ce que nous ne saurions dire. Mais les Capucins n'avaient probablement pas encore achevé la construction de leur couvent et de leur église, à La Mure, lorsqu'ils avaient à célébrer un service solennel pour le repos de l'âme de leur fondateur. Il venait de mourir glorieusement au siège de Mardick, le 16 août 1645, un peu plus de deux ans après sa fondation.

L'établissement des Religieux de Saint-François-d'Assises, à La Mure, y produisit des fruits considérables

[1] Cet acte a déjà été reproduit, mais sans notes, ni commentaire, dans l'ouvrage *La Mure et la Matésine*, d'après les notes de M. Fayolle. Baratier et Dardelet, imprimeurs à Grenoble, 1876.

L'expédition sur laquelle je le transcris ici vient des papiers de M. Favolle, acquis par M. Chaper. Elle nous a été donnée par lui.

et contribua surtout à ramener à la foi catholique les familles qui s'en étaient écartées du temps des guerres de religion.

Aimés et respectés du peuple, les Capucins étaient également bien vus par la bourgeoisie; leurs relations arrivaient même jusqu'à une familiarité respectueuse. Plus d'une fois au siècle dernier, les membres des meilleures familles faisaient porter au couvent leur repas du soir tout préparé et du vin de leur cru, pour le partager avec les Pères et y passer ainsi une soirée agréable à causer avec des hommes bien élevés et instruits.

Pendant un siècle et demi que les Capucins restèrent en possession de leur monastère, ils aidèrent puissamment à relever à La Mure le sentiment religieux qui s'y traduisit par des œuvres de la plus grande utilité. Indépendamment des congrégations d'hommes et de femmes existant déjà dans la paroisse, il y eut à La Mure, dès 1704, une association dite l'*Union de charité pour les Pauvres,* et Messire Charles de Combourcier, Seigneur de Beaumont, en était syndic en 1720 [1].

La Révolution française mit fin à cet heureux état de choses. Les Capucins durent abandonner leur couvent, leur église vit disperser ses ornements par des mains impies et fut souillée par des fêtes de la Déesse Raison.

Mis en vente comme bien national, le couvent, l'église et l'enclos furent adjugés à la commune de La Mure. Le couvent devint une école secondaire, l'église une école primaire, le jardin fut transformé en place publique.

Mais même en cet état de choses, ces vieux édifices

[1] Voir l'ouvrage : *La Mure et la Matésine,* d'après les notes de M. Fayolle.

plaisaient aux habitants de La Mure, comme souvenirs du temps passé. Comme école, ils avaient eu des succès, nous dirions presque quelque gloire, par comparaison avec l'état présent des palais scolaires qui les ont remplacés.

Le vieux couvent a été démoli et l'église modifiée et transformée.

Pour faire ici encore un peu de cette guerre contre l'oubli dont nous parlions plus haut, traçons, en finissant ce chapitre, un léger crayon de ces monuments disparus :

Leur ensemble comprenait deux corps de bâtiments placés à angle droit.

Le principal corps de bâtiment, celui qui servait au logement des Capucins, solidement bâti sur un rez-de-chaussée entièrement voûté, comprenait deux étages sous un toit d'ardoises, avec d'assez belles portes et de larges fenêtres en pierre de taille, de style Louis XIII.

L'église et ses dépendances s'allongeant du nord au midi et se raccordant au cloître par un angle, quoique arrivées en ces dernières années à un certain état de délabrement, faisaient encore assez bonne figure, sous un toit d'ardoises, surtout quand s'élevait encore au-dessus un petit clocheton, aussi couvert d'ardoises qui leur donnait un cachet spécial. Au siècle dernier, l'église n'avait de voûte en maçonnerie qu'au-dessus du chœur; la nef était couverte d'un lambris de bois agrémenté de quelques ornements. Les religieux y arrivaient du couvent par un long corridor et une porte de pierre de taille d'un aspect assez monumental qu'on a pu voir jusqu'au jour de la démolition, dans l'angle intérieur des deux corps de bâtiments.

Ainsi placé, le vieux couvent terminait assez heureusement La Mure, au bas de son côté occidental, pendant que dans le haut, du même côté, se faisait remarquer davantage l'ancien château des de Combourcier, Seigneurs de Beaumont.

Il ne reste plus aujourd'hui, de cet édifice, que la vieille porte d'entrée de l'église, conservant encore quelque chose de son antique cachet, et s'ouvrant sur la place des Capucins.

Deux publications récentes de l'Académie Delphinale nous permettent d'ajouter à ce chapitre quelques détails intéressants sur les Capucins de La Mure :

Dans les Lettres du Cardinal Le Camus, Évêque et Prince de Grenoble, de 1671 à 1707, publiées par le Père Ingold, membre de l'Académie Delphinale[1], nous trouvons deux lettres adressées par l'illustre Cardinal au Père Gardien des Capucins de La Mure, en date des 26 janvier 1706 et 20 février 1707.

Par la première, il charge le Père Gardien d'une mission fort délicate, mais avec une prudence et une modération qui ne surprennent pas de la part de l'éminent Prélat. La seconde donne la preuve que le Père Gardien s'est acquitté, à son honneur, de la mission dont il était chargé.

Dans le Bulletin de l'Académie Delphinale, année 1893, nous trouvons dans les *Études franciscaines sur la Révolution dans le département de l'Isère,* par le Père Appollinaire, de Valence, capucin, les renseignements suivants sur les Pères Capucins qui se trouvaient au couvent de La Mure à l'époque de la Révolution française :

1° Laurent Berge, en religion Père Amédée de Ristolas,

[1] Alphonse Picard, éditeur à Paris, 1892.

né le 4 avril 1721, était, en 1790, Gardien des Capucins de La Mure. Le 9 avril 1791, il se présentait au district de Grenoble, pour y déclarer qu'il se rendait dans le district de Briançon, et demander, comme étant septuagénaire depuis cinq jours, la liquidation de sa pension de retraite. Il se retira dans sa famille, à Ristolas, et y administra les sacrements, en secret, pendant la période révolutionnaire ;

2° François Martinet, en religion Père Valentin, de Fort-Queyras, né le 25 février 1755, se retira à Fort-Queyras et s'y trouvait en l'an IV. En l'an VII, il était à Villevieille ;

3° Laurent Mathieu, en religion Frère Guillaume, laïque, né le 13 décembre 1723, se retira à la même époque dans le district de Briançon. Il y habitait encore, à Puy-Brutinel, en l'an II.

Devons-nous considérer, comme une épave du couvent des Capucins, le Frère Duffieux, que nous trouvons à La Mure dès le rétablissement du culte catholique en France? Nous inclinons à le croire, sans avoir de preuve. Ce modeste et pieux instituteur a vécu à La Mure pendant près d'une moitié du dix-neuvième siècle. Les dimanches et jours de fêtes il semblait faire partie du personnel de l'église paroissiale, et ne manquait jamais, à la fin de la principale messe et des vêpres, de faire une quête pour le luminaire, dans un costume qui se rapprochait de celui des ecclésiastiques ; c'était une longue redingote noire, sur laquelle il portait une douillette très rapée, en hiver. Pendant tous les autres jours de la semaine, après avoir assisté à la première messe, il enseignait, matin et soir, à quelques jeunes enfants les éléments de la lecture, de l'écriture et du calcul, et le catéchisme. Il s'appelait

Georges Duffieux et il était originaire de la Haute-Loire. Il est mort pieusement, à La Mure, le 27 juin 1842, après avoir testé au profit de Jean-Baptiste Duffieux, son neveu, propriétaire à Cambriol, Haute-Loire.

CHAPITRE V.

UNE CRITIQUE DE M. AD. ROCHAS.

Dans sa *Biographie du Dauphiné,* Charavay, libraire-éditeur à Paris, 1856, page 446, 2e vol. au mot Terrail, M. Adolphe Rochas blâme en ces termes quelques membres de la famille de Combourcier, d'avoir ajouté le nom de Terrail à leur nom patronymique et de s'être à tort fait passer pour descendants du chevalier Bayart :

« La famille de Combourcier des environs de La Mure possédait une terre appelée le Terrail dont elle ajoutait selon l'usage le nom au sien ; ses derniers rejetons prenaient le titre de barons du Terrail. En parlant de l'un d'eux, tué devant Mardick, le 16 août 1646, La Chesnaie des Bois, trompé par le titre qu'il portait, a dit dans son *Dictionnaire de la Noblesse* qu'il était le dernier descendant du chevalier Bayart.

« L'erreur causée par ce nom de terre a conduit plus loin : Claudine de Combourcier, dame du Terrail, héritière des biens de sa maison, ayant épousé Jacques d'Estaing, marquis de Saillans, ce dernier, ainsi que ses descendants, ajoutèrent à leur nom celui de du Terrail. Des écrivains, par erreur ou complaisance, publièrent alors que les d'Estaing descendaient des Terrail de Bernin[1]. »

M. Adolphe Rochas est ordinairement bien informé, mais il a ignoré un détail essentiel dont nous allons donner la preuve.

Dans la généalogie inédite de la famille de Combourcier, faisant partie d'un recueil manuscrit de généalogies dauphinoises qui se trouve à la Bibliothèque de Grenoble et dont il existe une copie dans la bibliothèque de M. Eugène Chaper, à l'obligeance duquel nous en devons une reproduction, pour ce qui concerne cette famille, Guy Allard indique *Marie* Terrail comme femme de Guigues de Combourcier, et, comme étant nés de ce mariage, Balthazard de Combourcier qui fut marié à Louise de Saint-Marcel d'Avanson, Guigonne de Combourcier qui devint femme de Fauquel de Tholon, Marguerite qui fut femme de Jean d'Arces et Anne qui fut successivement mariée à Jacques de Sautereau et Jean de Lorcat.

Mais il y a une erreur de prénom dans cette indication et nous avons pu la relever, grâce aux renseignements qui nous ont été fournis très obligeamment par M. Maignien, conservateur à la Bibliothèque de Grenoble : ce fut Louyse Terrail, des Terrail de Bernin, qui fut femme de Guigues de Combourcier. Leur contrat de mariage que M. Maignien a vu dans les archives des notaires de Grenoble est en date du 7 février 1547.

Deux gentilshommes de la famille de Combourcier

[1] Dans diverses pièces de formalités et notamment dans une supplique au Parlement de Grenoble, du 20 août 1772, la dernière des de Combourcier de la branche aînée, dite des Seigneurs de Beaumont, figure sous les noms et titres suivants : Marguerite-Magdeleine de Combourcier du Terrail, dame directe de La Mure. Elle était alors épouse de M. Claude-Antoine-Barthélemy de Souchon de Loubière, garde du corps du Roy, domicilié à Donzère.

seulement ont ajouté le nom de du Terrail à leur nom patronymique.

Ce sont Louys de Combourcier, l'auteur de l'entreprise sur Genève qui est qualifié de sieur du Terrail, Monêtier, Ratier et autres lieux dans le récit de sa tentative, cité plus haut ;

Et Jean de Combourcier, son fils, qui, dans l'acte de donation aux Capucins, figure comme seigneur du Terrail et Ratier, vicomte de Ravel, baron de haut et bas Messat, mestre de camp d'un régiment de cavalerie pour le service de sa Majesté et maréchal de camp aux armées du Roi.

Ni l'un ni l'autre n'ont pris le titre de *Baron* du Terrail, ainsi que l'affirme M. Rochas.

Quoi qu'il en soit, si ces nobles seigneurs n'avaient pas toutes les qualités du chevalier, leur parent, ils en tenaient bien quelques-unes. Le premier est mort sans peur à Genève et celui qui est tombé à Mardick y est mort sans peur et sans reproche, la face à l'ennemi. S'ils revenaient aujourd'hui en ce bas monde, ils seraient sans doute fort étonnés de se voir critiqués par un avocat devenu homme de lettres et en un temps où tant de gens usurpent la particule sans aucun droit à la noblesse.

Le blâme de M. Ad. Rochas a été reproduit, presque textuellement dans la note dont M. le docteur Revilliod fait suivre la réimpression du véritable discours de 1609, et dans le *Dauphiné*, journal littéraire dirigé avec beaucoup de succès à Grenoble, par Mme Louise Drevet, auteur de nouvelles et romans dauphinois fort goûtés.

Espérons que cette erreur historique sera rectifiée au moins dans le *Dauphiné*, dont l'existence est loin d'être à son terme.

DEUXIÈME PARTIE

BRANCHES DES SEIGNEURS DE BEAUMONT ET DES SEIGNEURS DE LA GRANGE ET DE ROISON

CHAPITRE PREMIER.

ORIGINE ET GÉNÉALOGIE DE LA FAMILLE DE COMBOURCIER.

De tous les villages du canton de la Mure, Comboursière [1] est le plus haut perché.

C'est à 1360 mètres d'altitude, sur le flanc occidental du Mont Thabor [2] que ses maisons sont groupées, au point où finit le pâturage alpestre qui descend du sommet, pour faire place à un territoire à peu près horizontal où sont cultivés et mûrissent, sans trop de peine, l'orge et l'avoine, le seigle et la pomme de terre.

Comboursière semble placé là pour le plaisir des yeux. Quand on y arrive, il suffit de tourner le dos à la montagne, pour voir se déployer à droite, à gauche, en face

[1] Commune de Saint-Honoré.

[2] 2386 mètres.

de soi et à ses pieds, un panorama splendide, qui s'étend des sommets du Grand-Som et de Chamechaude, vers la Grande-Chartreuse, jusqu'aux massifs de l'Obiou et de Ferrand, et plus à gauche, jusqu'aux pics neigeux du Pelvoux. Si le soleil brille sans nuages, on voit étinceler, au-dessous de soi, comme trois miroirs d'argent, les lacs de Laffrey, de Petichat et de Pierre-Châtel, à travers le riche et vert plateau de la Matésine, et au delà, vers le couchant, le regard peut suivre tous les détails topographiques du Trièves, et se reposer sur les pics bleuâtres qui bornent et découpent l'horizon du côté de la Drôme.

Immédiatement au-dessous de Comboursière, et dans une pente très raide, où sont encore des prairies et quelques terres péniblement cultivées, descendent, perpendiculairement au plateau supérieur, deux combes, l'une à gauche, ravinée et endommagée chaque année par les neiges et les avalanches, l'autre plus large et plus profonde, formant un petit vallon, tout de roches sur l'un de ses côtés, mais boisé sur l'autre, au milieu duquel se précipite, écumeux et bruyant, un limpide ruisseau qui devient un torrent à la fonte des neiges.

C'est là qu'en des temps déjà bien éloignés les ours venaient s'abreuver et trouvaient le couvert.

A peu de distance du village de Comboursière, un peu plus au nord, son territoire se relève en amphithéâtre et forme, autour d'une maison isolée, un domaine alpestre appelé La Chau. Un peu au delà, brusquement coupée, la montagne termine l'un de ses contreforts par une pente d'une déclivité violente, dans laquelle les sapins de la forêt de Vaugelas lui font comme un manteau de velours sombre.

Dans les temps reculés dont nous parlons, les premiers

gentilshommes de la famille de Combourcier[1] durent trouver à La Chau un de leurs rendez-vous de chasse et un abri pour leur bétail.

C'était très probablement aussi un lieu de prédilection pour les loups et les ours, et les Seigneurs de Combourcier, guerriers et chasseurs, trouvaient là un territoire de chasses émouvantes, non loin duquel ils rencontraient, par surcroît, le chamois et le lagopède, cette excellente perdrix qui vit au point de contact de la terre et de la neige.

Une vieille tradition, assez accréditée dans le canton de la Mure, ferait descendre le premier des de Combourcier des amours de Louis XI, alors dauphin de France, avec une jeune bergère de Combboursière, dont l'éclatante beauté l'aurait frappé dans une partie de chasse, au temps où, révolté contre son père, il vint en Dauphiné ; mais cette romanesque légende ne saurait tenir contre les faits et les dates.

Louis XI vit le jour en 1423 ; c'est en 1442 qu'il créa l'Université de Valence, et en 1453 qu'il créa le Parlement de Grenoble.

Mais, onze ans déjà avant la naissance de ce prince, existaient deux de Combourcier, en âge de se marier. C'étaient Jean et Bertin de Combourcier qui épousèrent, en 1412, deux sœurs, Aynarde et Artaude de Commiers, filles d'un membre de l'antique et illustre famille des Allemans, Pierre de Commiers, et de noble dame Gonette de Beaufort.

Pour entrer ainsi, par alliance, dans l'une des plus

[1] Dans tous les titres et actes, le nom de cette famille est écrit avec la lettre C, tandis que dans des registres de la commune de Saint-Honoré le nom du village figure partout avec un S.

anciennes familles du Dauphiné, les de Combourcier ne devaient pas être des nobles de date récente et les premiers venus.

D'après la *Généalogie inédite* de Guy-Allard, revue et augmentée par M. Maignien, le savant et obligeant conservateur de la Bibliothèque de Grenoble, on ne connaît pas dans la famille de Combourcier de membres plus anciens que Jean et Bertin.

Mais si le premier des de Combourcier ne fut pas le bâtard d'un Dauphin de France, comme on l'a cru à tort, d'après la tradition dont il est parlé plus haut, n'y aurait-il pas quelque vraisemblance à ce qu'il fût le fils illégitime de l'un des derniers Dauphins de Viennois, dont les mœurs furent loin d'être sévères ?

On peut se faire une idée du relâchement de leurs mœurs par la lecture du testament que le dernier de ces princes, Humbert II, fit à Rhodes, le 29 juillet 1347 :

Item lego Dom. Johanni, Bastardo quondam bonæ memoriæ, Dom. Guigonis, Dalphini fratris mei, castrum de Bella-Garda de Viennenso[1].

Item eodem modo, lego Amedeo, Bastardo meo, pro se et suis heredibus, Ducentos Florinos auri, annui valoris.

Item lego Bastardæ meæ[2] *quæ est in Monasterio de Salectis, triginta florinos auri, annuatim, donec vixerit*[3].

Ce qui pourrait augmenter la vraisemblance de cette

[1] Jean de Viennois, fils adultérin de Guigues VIII et de la fille du malheureux François de Bardonenche. Il fut seigneur de Château-Vilain.

[2] On s'étonne de voir cette pauvre jeune fille aussi sommairement indiquée dans ce testament et on se demande si son père en avait oublié le nom.

[3] Ce testament figure comme preuve CCXXXIX au 2e volume de l'*Histoire du Dauphiné,* par le président de Valbonnais, page 541.

supposition, c'est que les Dauphins de Viennois avaient à la Mure un château delphinal où ils venaient, dans la belle saison, pour chasser le cerf dans les forêts voisines, et que de la Mure à Combousière il n'y a pas loin.

Mais, laissons de côté la légende et revenons à des faits certains.

Les premiers connus parmi les membres de la famille de Combourcier sont, comme nous l'avons dit plus haut, Jean et Bertin de Combourcier, en mentionnant leurs mariages en l'an 1412 avec Aynarde et Artaude de Commiers.

De son mariage avec Aynarde de Commiers, Jean de Combourcier qui, pour nous, est le chef de cette famille noble et illustre, ne laissa qu'un fils qui nous soit connu, Henri de Combourcier, qui vivait en 1429.

Henri fut père de Humbert de Combourcier et de Berton, qui vivait en 1458 et mourut en 1465 à la bataille de Montlhéry.

Humbert de Combourcier laissa pour héritier un seul fils, Berton, deuxième du nom, qui vivait en 1477.

Berton de Combourcier eut pour successeur son fils Jean, second du nom, qui se distingua à la bataille de Fornoue, en 1495, et vivait encore en 1504. Il laissa de plus une fille, Jeanne, qui fut prieure au monastère de Prémol, en 1526.

Jean de Combourcier, second du nom, eut deux enfants, Reynaud, qui épousa d'abord Louise de Malpont, puis Anne de Genas, le 17 mars 1541 [1], et Humbert [2],

[1] C'est par erreur que la généalogie de Guy-Allard attribue une fille du nom de Suzanne à Jean de Combourcier qui n'en est que le grand-père.

[2] Deuxième du nom.

sieur de Beaumont, Seigneur de Saint-Eusèbe, en Champsaur, châtelain royal de la Mure.

C'est à ce moment que la famille de Combourcier va se diviser en deux branches.

Dans un testament[1] reçu le 7 mars 1535, par le notaire Taverdon, de la Mure, Humbert de Combourcier fait le partage de sa succession entre ses deux fils, Guigues, Seigneur du Monestier[2], qui fut la tige des Seigneurs du Monestier et de Ratier, dont il a déjà été question dans la première partie de ce travail, et Jean, troisième du nom, Seigneur de Beaumont et co-seigneur de Falavier, en 1558, qui a formé la branche des Seigneurs de Beaumont.

Humbert de Combourcier laissa en outre trois filles, Marguerite, qui épousa Gabriel de Béranger, Seigneur de Pipet, Jeanne, qui fut mariée à Henry Soffrey et Suzanne, femme d'Henry de Moustier, Seigneur de Ventavon[3].

Jean de Combourcier, troisième du nom, qui succéda à son père dans les Seigneuries de Beaumont, de Saint-Eusèbe et de Falavier, laissa pour héritiers douze enfants :

1° Marguerite, qui, le 16 juin 1557, fut mariée à François de Chanterel, sieur de Saint-Arey ;

2° Jeanne, qui fut femme de Jean de Chypre ;

3° Suzanne ;

4° Jean, quatrième du nom, qui épousa Anne de Morges, et succéda à son père dans la Seigneurie de Beaumont et les armes de la famille de Combourcier ;

[1] Dont il sera plus amplement question dans un chapitre subséquent.

[2] D'Ambel.

[3] V. le testament d'Humbert de Combourcier, au chapitre III ci-après.

5° Claude ;

6° Claude, deuxième du nom ;

7° Imbert ;

8° François ;

9° Laurent ;

10° Jacques ;

11° Claudine, qui fut femme de Bertrand de Viennois ;

12° Et Anne, qui épousa Jean de Bardonenche.

De son mariage avec Anne de Morges, Jean de Combourcier, quatrième du nom, ne laissa qu'un fils, Jacques de Combourcier, qui fut gouverneur de Corps[1] à l'époque des guerres de religion.

De son mariage avec Isabeau de Béranger, fille de Giraud, Seigneur de Morges, Jacques de Combourcier laissa deux fils, Alexandre et Scipion de Combourcier.

Au moment de partir *pour la guerre,* le 3 août 1589, Jacques de Combourcier faisait un testament dont nous aurons à parler plus amplement. Il y instituait pour son héritier universel Alexandre de Combourcier, son fils ;

[1] Dans le *Dictionnaire historique* de Guy-Allard, édité par M. Gariel, au mot *Guerre,* colonne 626, figurent parmi les chefs du parti catholique, Jean de Combourcier, sieur de Beaumont, qui fut tué devant Corps, et Jacques de Combourcier, son fils, comme capitaine. Mais plus loin on y trouve, comme ayant passé au parti protestant, Jean de Combourcier, Balthazard de Combourcier, ancien gouverneur de Gap, Daniel de Combourcier-Roizon et Jean de Combourcier-Lagrange.

Au temps troublé où ils vécurent et dans lequel la politique avait plus d'influence que la religion, ces gentilshommes purent varier plus d'une fois dans leur conduite, mais il est difficile d'admettre les renseignements de Guy-Allard en ce qui concerne Balthazard de Combourcier, qui, par sa femme, était le neveu de Guillaume de Saint-Marcel d'Avanson, archevêque d'Embrun, l'un des plus tenaces parmi les adversaires de Lesdiguières. Voir ce qu'en dit Videl dans sa *Vie du Connétable,* pages 29, 56, 99, édition de 1638.

mais il n'y est pas question de Scipion de Combourcier, son second fils qui, probablement, n'était pas encore né. Dans les temps troublés où vivait Jacques de Combourcier, les actes de naissance de ses fils avaient dû être égarés. Peut-être même n'avaient-ils pas été dressés. Une enquête eut lieu à ce sujet; nous le verrons plus loin.

Alexandre de Combourcier ayant péri dans un duel, comme on le verra dans cette enquête, son frère Scipion lui succéda dans son legs universel.

Scipion de Combourcier épousa demoiselle Élizabeth-Ode de Bonniot et en eut trois enfants :

Salomon, qui fut marié à Catherine Pommier du Villard ; Jacques qui, en septembre 1656, épousa Melchiotte de Brunel, veuve de Jacques Martron du Vernay.

Et Marie, qui devint femme de M. Eymery, avocat au Parlement de Dauphiné.

Le 15 septembre 1668, Salomon de Combourcier décéda à la Mure[1], laissant de son mariage avec Catherine Pommier du Villard trois enfants :

[1] Voici son acte de décès et de sépulture, tel que nous l'avons trouvé aux registres de la paroisse de la Mure :

« Salomon de Combourcier, vir nobilitatis conspicuæ, obiit, sus-
« ceptis omnibus Ecclesiæ sacramentis, Deoque sit commendatus,
« anno Domini 1668, decima quinta Calendarum Septembris, hora
« civiliæ undecima vespertina ; postidie sepultus fuit in capella
« sub titulo Nostræ Dominæ de Pietatis, à suis antecessoribus
« erecta. Secuti fuere Parrochi de Festigny, de Motta, de Calma-
« Longa, de Villardo, de Nanta, de Mayres, de Susville, de Roaco,
« de Ponsonnas, simul ac Penitentes S. S. Sacramenti quorum
« Societatis nomina ipse dederat. » Sign. Pourchier, Parrochus.

Ce qui peut se traduire ainsi :

Salomon de Combourcier, homme d'illustre noblesse, ayant reçu tous les sacrements de l'Église, qu'il soit donc recommandé à Dieu, est mort le quinzième jour des calendes de septembre l'an de Notre Seigneur 1668, à la onzième heure du soir. Il a été enseveli,

Catherine, qui fut mariée à Claude Mollard, avocat au Parlement de Grenoble ;

Marie, qui épousa son cousin Aymar de Combourcier, sieur de La Grange ;

Et Charles de Combourcier qui, le 8 juillet 1687, épousa demoiselle Élizabeth-Diane de Ricol.

De leur mariage naquit Charles de Combourcier, second du nom, qui fut marié, le 28 août 1729, à demoiselle Marie-Émérantianne Duport, fille de Pierre Duport, conseiller du Roi, trésorier général de France, et de dame Marie Joubert.

Devenu veuf, Charles de Combourcier, deuxième du nom, épousa le 26 mars 1736, demoiselle Marie Leblanc du Percy de Ferrière, dont il n'eut pas d'enfants.

Il décéda, sans enfants mâles, à la Mure, le 31 décembre 1757, laissant pour héritières deux filles, nées de son premier mariage :

Marie-Claudine de Combourcier, qui fut mariée à M. Louis Duport de Pontcharra, officier d'artillerie ;

Et Marie-Magdeleine-Marguerite de Combourcier, qui épousa M. Antoine-Barthélemy de Souchon de Loubière, garde du corps du Roi.

Ce fut en la personne de Charles de Combourcier, deuxième du nom, que prit fin la branche des Seigneurs de Beaumont.

Et c'est en la personne de Mme de Souchon de Loubière,

le jour suivant, dans la chapelle fondée par ses prédécesseurs sous le titre de Notre-Dame-de-Pitié. Il y fut accompagné par ses hommes des paroisses de Feyteny, de la Motte, de Chaulonge, du Villard, de Nantes, de Mayres, de Susville, de Roac, de Ponsonnas et en même temps par les Pénitents du Saint-Sacrement dont il avait lui-même donné les noms à leur association. Signé : Pourchier, curé de la paroisse.

sa fille, que s'est éteint le dernier membre de cette ancienne et illustre famille.

Quant aux branches collatérales des Seigneurs de Roison et des Seigneurs de La Grange, nous n'avons que peu de mots à en dire ; elles n'ont fourni que très peu de faits à relever à nos vieux historiens.

La branche des Seigneurs de Roison descend de Balthazard de Combourcier, fils de Reynaud, qui vivait en 1551, et de Louise de Malpont.

De Baltazard de Combourcier naquit Daniel, qui vivait en 1593, et qui, le premier, prit le titre de sieur de Roison.

De son mariage avec Anne Ollier de Montjau, Daniel de Combourcier eut trois fils, Charles, Emmanuel et Claude, qui vivait en 1607, et fut aussi sieur de Roison.

Claude fut père d'Anne, qui vivait en 1664, et qui épousa d'abord Claude Flotte, sieur de Saint-Pierre, et ensuite Aymar d'Agoult, Seigneur de la Beaume.

C'est en la personne de cette dernière que prit fin la branche des de Combourcier, Seigneurs de Roison.

Quant à la branche des Seigneurs de La Grange, elle a pour auteur Aymar de Combourcier, fils de Jean et de Magdeleine Poncet.

Aymar de Combourcier épousa Marie de Combourcier, fille de Salomon, Seigneur de Beaumont, et de leur mariage naquirent Pierre de Combourcier, sieur de la Plaine, cadet au régiment de Conty, qui testa en 1725, et Louis, sieur de la Grange, qui vivait en 1742.

Cette branche n'existe plus aujourd'hui et a dû prendre fin dans un état voisin de la misère.

En 1773, elle était encore représentée par noble Claude de Combourcier, qui résidait aux Mayons, paroisse de

Saint-Laurent-en-Beaumont. Par un acte du 2 février de cette année, reçu par Me Aribert, notaire en Beaumont, ce gentilhomme vendait à Pierre Dydier, cultivateur aux Terrasses, même paroisse, une pièce de terre en friche, avec herme et broussailles, de 2 sétérées, située au-dessous des Mayons, au mas des Issards, au prix de 36 livres payées comptant. Cet acte contient à la fin la mention qu'il a été signé par le sieur Dydier, les témoins et le notaire, non le sieur de Combourcier, pour ne savoir.

Les armes de la famille de Combourcier étaient de gueules, à la bande d'argent chargée d'une molette (ou étoile) d'argent.

Ce chapitre était achevé, depuis quelque temps, lorsqu'une publication toute récente est venue nous donner la preuve de l'existence de la famille de Combourcier, à des dates plus reculées.

Dans l'énumération de pièces authentiques tirées des vieilles archives du Dauphiné, que l'*Écho des Montagnes*, journal hebdomadaire de Grenoble, publie en feuilleton, sous le titre d'*Histoire de La Mure*, depuis les temps les plus reculés, nous trouvons les deux pièces suivantes :

« Au Registre coté : *Primus homagiorum Joannis Nicolati*, folio 42, est l'hommage presté le vingt-quatrième mars 1373, par noble Jean de Salice, auditeur des comptes, des hommages et fidélités que lui devaient les nommés Darier, de Mayres, de Bruneris et de Combourcier et leur postérité, plus de toutes les censes et servis qu'ils avaient au mandement de la Mure, etc. »

« Au registre coté : *Tertius liber rententionum inceptus de anno Domini 1410*, folio 77, est rapporté que noble Humbert de Combourcier, fils et héritier de noble François de Combourcier, de la Mure, devait trois florins, quatre gros, pour les lods, à raison du tiers denier, à cause de l'acquisition que ledit François avait faite de noble Charles de Pellafol, administrateur de la personne et biens de Agnès, sa fille, de trois sols, sept deniers, une obole, bonne monnoye, et sept settiers blés, seigle et avoine de cens qui avaient esté à Pierre Dauris, à prendre dans la paroisse de Saint-Honoré, avec leur directe seigneurie et fief, au prix de dix florins, poids delphinal, le trente décembre 1388. »

La première de ces pièces prouve l'existence de la famille de Combourcier à une date antérieure à 1373.

La seconde nous indique l'existence au trente décembre 1388, d'Humbert de Combourcier, fils et héritier de François. Il est vraisemblable que cet Humbert, premier du nom, fut le père de Jean et de Bertin de Combourcier qui, en l'an 1412, épousaient Aynarde et Arthaude de Commiers.

CHAPITRE II.

BRANCHE DES SEIGNEURS DE BEAUMONT. — SA RÉSIDENCE HABITUELLE.

Avant de passer aux faits et aux pièces que nous avons pu recueillir sur la branche aînée de la famille de Combourcier, traçons ici une légère esquisse de la résidence habituelle des Seigneurs de Beaumont, à la Mure.

Quand de la colline de Peychaud, ou du coteau de

Beauregard, contrefort de la petite montagne de Cimont, on contemple la Mure, par son côté occidental, le regard est bien vite arrêté et charmé par l'aspect grandiose et gracieux, tout à la fois, de l'ancien château de Combourcier qui, restauré et agrandi, est devenu le Pensionnat des Dames de la Nativité.

Au sommet du promontoire qui domine le ruisseau de Jonche, le castel, rajeuni, surgit au-dessus d'une allée d'ormes et de tilleuls, entre ses deux tours à crénaux et à machicoulis. L'une des tours, entièrement reconstruite à neuf sur l'emplacement de celle qui fut ruinée par le siège de 1580, domine le principal corps de bâtiments. Mais l'autre, à peu près en l'état où elle a été laissée par les derniers membres de la famille de Combourcier, est plus abaissée, parce que le vieux château qu'elle dépassait cependant et qu'elle protégeait autrefois, n'avait qu'un seul étage au-dessus du rez-de-chaussée.

L'ensemble de ces bâtiments a été très agréablement complété par une jolie chapelle et un clocher très élégant pour le couronnement duquel l'architecte, M. Berruyer, s'est très heureusement inspiré des créneaux de la vieille tour[1].

Au nord de ce castel et au-delà d'une cour intérieure, les Seigneurs de Beaumont possédaient encore d'assez vastes bâtiments pour le logement des domestiques, pour leurs écuries et greniers à fourrages et un jardin. Cette dernière partie, ayant son entrée sur la rue du Château, a été transformée, et sur son emplacement se trouvent

[1] Le gracieux effet de ce clocher a été singulièrement amoindri par d'autres constructions qui y ont été juxtaposées et pour lesquelles, certainement, M. Berruyer n'a pas été consulté.

aujourd'hui l'Aumônerie, son jardin et l'Externat des Dames de la Nativité.

Au midi de cet ensemble de bâtiments et d'emplacements, s'étendaient des jardins et vergers dépendant aussi du manoir des Seigneurs de Beaumont et descendant en pente, d'une part sur le ruisseau de Jonche et de l'autre jusqu'à la rue Pierre-Grosse, près de la porte du Rivier.

Nous le verrons plus loin, Humbert de Combourcier, qui testait en 1535, appelait simplement son manoir de la Mure, sa maison des Tours, probablement par comparaison avec le château delphinal qui, du côté du nord-est, était son plus proche confin et donnait son nom à la rue qui, de la place de l'Hôpital, tend à la maison des Tours.

Mais n'anticipons pas ; bornons-nous à dire ici qu'entre autres biens dont ce noble et puissant Seigneur nous donnera ci-après l'énumération, les Seigneurs de Beaumont possédaient encore à Mayres, dans le mandement de la Mure, un domaine et une maison dans laquelle ils se plaisaient à résider pendant une partie de l'été et surtout en automne. C'est là qu'étaient leur bonne vigne des Treilles et leurs meilleurs vergers.

En reproduisant, dans le chapitre qui va suivre, le testament d'Humbert de Combourcier, nous trouverons l'indication des biens considérables qu'il possédait, mais nous verrons, un peu plus loin, combien toute cette fortune s'était amoindrie dans les mains de ses successeurs.

CHAPITRE III.

QUATRE TESTAMENTS.

Testament d'Humbert de Combourcier (7 mars 1835).

Malgré la forme toujours solennelle et souvent monotone sous laquelle ils nous ont été transmis par les vieux tabellions, les testaments des siècles passés sont, pour le curieux et l'archéologue, des actes d'un grand intérêt et parfois de vraies mines à exploiter.

Quatre testaments des membres de la famille de Combourcier nous sont parvenus. Quoique à des degrés différents, il nous a semblé qu'on pourrait trouver quelque agrément à les voir reproduits ou analysés ici.

C'est dans son manoir de la Mure, dans sa maison des Tours, en sa pièce dite *Le Fourneau,* où il était retenu par la maladie, que le septième jour du mois de mars de l'an de grâce quinze cent trente-cinq, Messire Humbert de Combourcier, Seigneur de Beaumont[1], Saint-Eusèbe

[1] C'est par acte du 27 août 1521, que Humbert de Combourcier, Seigneur de Saint-Eusèbe, était devenu acquéreur, sous une faculté de rachat et au prix de 7,000 livres tournois, de la terre, château et seigneurie de Beaumont.

M. Crozet qui donne cette indication, à la page 7 du canton de Corps, dans son ouvrage sur les cantons du département de l'Isère, ne dit pas de qui fut faite cette acquisition.

et autres lieux, châtelain royal de la Mure, se préparait à faire son testament et à dicter ses dernières volontés à Me Barthélemy Taverdon, clerc de la Mure et notaire public.

Comme conseils et témoins de ses dernières dispositions, le noble et puissant seigneur, *nobilis et potens vir*, avait réuni autour de lui, d'abord l'un de ses amis, noble et puissant Hugues, Seigneur de Brion[1], puis vénérables et religieux hommes : Claude Gérard, moine claustral du prioré de la Mure ; Jean Archer, vicaire de la Mure ; Laurent Duport, chapelain et enfin honorables hommes : Martin et Pierre Empereur-Porchet, Guigues Beaudet-Cost, François et Renaud Michon-Fremet frères, et Guillaume Richard, apothicaire, tous de la Mure.

Ce testament fut rédigé dans une forme très solennelle et en ce vieux latin familier aux notaires de ce temps-là[2].

Une magnifique expédition écrite sur trois peaux jointes ensemble, d'une belle écriture gothique et dont la première lettre, très ornée, ne déparerait pas un manuscrit illustré du moyen âge, nous a été communiquée[3]. A la

[1] En Trièves.

[2] C'est peu de temps après et sous le roi François Ier que fut rendue l'ordonnance prescrivant aux notaires et autres officiers ministériels d'écrire les actes en langue vulgaire.

[3] Cette première expédition latine du testament d'Humbert de Combourcier nous a été remise, en échange d'une autre expédition en langue française, par Mme Esther Souchon de Loubière, épouse de M. Curé, docteur en médecine, à Pierre (Saône-et-Loire).

Malheureusement, un fragment atteignant l'écriture a été enlevé dans un angle. A-t-il servi à couvrir un pot de confitures? *Habent sua fata... libelli!*

fin de l'expédition et sur chaque peau se trouve la signature du notaire Taverdon, et au bas est suspendu, dans une boîte en fer blanc, le sceau du notaire, en cire, et dans un assez bon état.

D'autres expéditions, traductions françaises de la première, et qui ont figuré au procès dont il sera parlé plus loin, nous avaient été communiquées, il y a déjà bien des années ; c'est d'après l'une d'elles, que nous avions prétée à M. Auguste Fayolle, avant son décès, que ce testament a pu être transcrit *in extenso,* dans l'ouvrage édité par M. Rousset, ancien curé de Theys, sous le titre *La Mure et la Matésine* d'après les notes de M. Auguste Fayolle. Mais cette reproduction n'est accompagnée d'aucune observation, d'aucune note faisant ressortir ce qu'il y a de remarquable en ce testament et surtout les points qui auraient pu intéresser plus particulièrement les habitants de La Mure et des environs.

C'est pour combler cette lacune que nous allons reproduire ici textuellement ce testament d'après la meilleure de ces expéditions, en l'accompagnant de notes et de remarques :

Après la date et la phrase banale et habituelle sur la certitude de la mort et l'incertitude de l'heure d'icelle, le noble et puissant testateur y donne une très large part à l'ordonnance pompeuse de ses funérailles, ainsi qu'on va le voir :

« Au nom de la sainte et indivisible Trinité, Père, Fils et Saint-Esprit, ainsy soit-il.

« L'an de la Nativité de Notre-Seigneur, mille cinq cent trente et cinq, François, par la grâce de Dieu roy de France et dauphin du Viennois, régnant, et le septiesme jour du mois de mars, sachent tous présents et advenir que attendu que la fragilité humaine troublée par la pensée de la mort ne permet pas quelques fois qu'on rapporte toutes les précautions nécessaires à la négociation des affaires, à ces fins, il semble qu'un chacun doive disposer de ses affaires et biens pendant qu'il a le jugement solide et pour cette considération, noble et puissant Humbert de Combourcier, Seigneur de Saint-Euséby, sain de ses sens, mémoire et entendement, quoyque détenu par quelque infirmité corporelle dans son lict, considérant que comme il n'y a rien de plus certain que la mort, aussi n'y a-t-il rien de plus incertain que l'heure d'icelle, désirant en outre, adsisté de la grâce de Dieu, de prévenir les laqs inévitables de la mort par la disposition testamentaire des biens, droits, seigneuries, censes, revenus, immunités, servages, chevances et tous autres biens qu'il a plu à Dieu luy donner, de peur que pour le regard des choses susmentionnées ne vint à naistre, après son décès, quelque matière de discorde entre ses enfants, parents, alliés, ou autres personnes quelconques y prétendant, s'il venait à mourir sans avoir testé, à ces fins, à la présence de moy, notaire delphinal et des témoins soussignés il a fait et ordonné son dernier testament nuncupatif et dernière volonté nuncupative à la forme que cy-après : En premier lieu, d'autant que l'âme doit être préférée au corps il a humblement et dévotement recommandé la sienne lorsquelle sera séparée d'icelluy à nostre Seigneur Jésus-Christ, à la très glorieuse Vierge Marie et à toute la cour céleste et quant à son corps il veut qu'il soit mis en l'Église parrochiale de la Mure, dans sa tombe qui est au-devant de l'hotel de Notre Dame de Pitié, dans la chapelle cy-devant fondée dans la susdite église par ledit testateur[1] dans laquelle tombe il veut et ordonne son dit corps estre enterré vingt-quatre heures après son décès, auquel jour le Seigneur Testateur susdit veut estre appellé cinquante prestres, y compris les vénérables relligieux du Prioré dudit lieu, et le sieur curé, lesquels viendront dans la maison dudit Seigneur Testateur, avec la croix, l'eau bénite et leurs habits et ornements sacerdotaux pour accompagner son dit corps jusqu'à ce qu'on l'aye mis en terre et que chacun d'iceux aye à célébrer une messe de mort, avec les Exaudy, les stations et commémoraisons ordinaires sur sa tombe, pour le salut et remède tant de son âme que de ses parents et amis qui l'ont précédé, à chacun desquel prestres il veut estre donné trois gros de bonne monnoye sans dîner par ses héritiers universels sousnommés ; veut encor et ordonne le mesme Seigneur Testateur avant qu'on porte son dit corps à l'église, ou qu'on le sorte de sa maison, le Psautier de David estre dit autour d'icelluy par les sieurs

[1] La chapelle de Notre-Dame-de-Pitié, construite vers 1530, dans l'église de la Mure, pour servir de sépulture aux membres de la famille de Combourcier, fut, avec les messes et services qui y furent fondés par Humbert de Combourcier, son œuvre de prédilection, parmi ses œuvres pies. Fort maltraitée lors du siège de 1580, puis remise en état par ses descendants, elle vit exécuter jusqu'à la Révolution française les dernières volontés de son fondateur. Mais alors les rentes affectées à son service furent supprimées.

Réparée vers 1830 et augmentée de trois autres arcades, elle forma dans notre vieille église le bas-côté dans lequel est l'autel de la sainte Vierge.

A son angle nord-est, existe encore une vieille colonne de l'ancienne chapelle de Notre-Dame-de-Pitié et à l'extérieur, du côté du cimetière, on voit les vestiges d'une fenêtre ovale.

religieux, curé et vicaire de la Mure. Le mesme veut être fait par tous les autres prestres, tout autant qu'il s'y en pourra rencontrer successivement et deux en deux, jusques à l'heure de l'enterrement, au chacun desquels il veut estre donné par ses héritiers universels sousnommés trois gros de ladite monnoye, tant seulement, veut encore et ordonne le mesme Seigneur Testateur, qu'on fasse faire un service durant neuf jours à compter de celluy de son déceds, au chacun desquels il veut, lègue et ordonne une grande messe estre dite et célébrée à l'hautel de la chapelle susmentionnée, avec Diacre et Sous-Diacre, laquelle messe sera dite un chacun jour de ladite neuvaine entre la messe de prime et la grand'messe à laquelle il veut vingt-cinq prestres être appelés et y adsistes tous les jours. pendant ladite neufvaine, le chacun desquels dira la messe en particulier avec les Exaudy et les stations ordinaires sur sa dite tombe, au chacun desquels il veut estre payé comme dessus par sesdits héritiers universels sousnommés deux gros tant seulement sans dîner.

« Veut encore et ordonne qu'à la fin de la neufvaine on assemble cinquante prestres y compris ceux de l'église parrochiale de la Mure auquel jour il veut qu'un chacun d'iceux dise une messe pour les déffunts et que tous ensemble ayent à faire les stations et commémoraisons accoutumées pour les déffunts, sur sa tombe et dire les *Exaudi Domine* pour le remède et salut de son âme et pour celles de ses parents et amis trépassés au chacun desquels il veut estre payé par ses héritiers universels sousnommés trois gros sans dîner comme dessus.

« Davantage le même Seigneur Testateur veut et ordonne

qu'à la fin de l'année après son déceds, à tel et semblable jour qu'il se sera rencontré, on appelle cinquante prestres dans la même église parrochiale, pour y célébrer les messes et autres divins offices, lesquels chanteront sur sa tombe les *Exaudy* avec les solemnités en tel cas accoutumées au chacun desquels il veut estre donné et payé par ses héritiers universels sousnommés, trois gros sans dîner. Veut encore et ordonne, le mesme Seigneur Testateur que ses héritiers universels souscripts le susdit jour de son enterrement, neuvaine et bout de l'an ayent à pourvoir de douze flambeaux de quelle cire que ce soit, de deux livres pièce et de vingt-quatre cierges de demi-livre pièce, de quelle cire que ce soit, tous lesquels cierges et flambeaux demeureront allumés pendant lesdits trois jours tout le temps qu'on fera l'office et que durant les neuf jours de ladite neufvaine on allume quatre flambeaux de cire auxquels seront attachées les armes de sa maison et qu'ils demeureront allumés durant lesdits neuf jours de sa susdite neufvaine tout autant de temps que durera le susdit office. En outre veut et ordonne ledit Seigneur Testateur qu'au jour de son susdit décès ses héritiers universels sousnommés ayant à habiller vingt et six pauvres le chacun d'iceux d'une robe de gros drap de pays blanc, d'un bonnet blanc et d'une paire de souliers, lesquels pauvres il veut accompagner et suivre sa dite neufvaine chaque jour à l'accoutumée et qu'au retour d'icelle neufvaine, il soit donné à chacun d'iceux un liard de pain.

« Donne et lègue ledit Seigneur Testateur à chacune des lampes de Saint-Crépin et de Saint-Bernard establies dans ladite église parrochiale de la Mure, ou aux confréries[1] qui ont la charge desdites lampes, la quantité de pain et de vin nécessaire pour leur dîner, bon et recepvable, et cinquante livres de chair bonne et fraische à eux payable par ses héritiers universels sousnommés le jour de son décès, au cas qu'il arrive à un jour qu'on doive manger de viande, et en cas que son déceds se rencontre un jour d'abstinence, le cas échéant, il veut et entend que ses héritiers ayent à fournir aux susdits confrères des viandes de caresme pour leur dîner, à proportion de ce que pourrait valoir ladite chair, moyennant lesquelles choses ledit Seigneur Testateur veut et entend que les susnommés confrères ayant soin desdites lampes soient obligés d'accompagner son corps jusqu'à ce qu'il soit enterré et de faire tenir leurs lampes allumées tout autant que l'office durera.

« A encor lègue le mesme Seigneur Testateur et veut être payé par ses héritiers universels sousnommés à la chandelle de Nostre-Dame laquelle demeure continuellement allumée, jour et nuit, devant le grand autel d'icelle église parrochiale de la Murc, ou au procurour qui est chargé de l'entretien, la somme de cinq florins, lesquels seront exigés à perpétuité annuellement environ la feste de tous les Saints par le procureur susdit qui est à présent en charge ou par ceux qui luy succéderont, scavoir : quatre florins de Me Jean Baymond, notaire, qu'il doit audit Seigneur Testateur, en diminution de pention de plus forte somme et outre ce, un florin de pention annuelle à prendre sur les héritiers de Pierre

[1] On verra plus bas qu'outre les confréries de Saint-Crépin et de Saint-Bernard, il y avait, à l'église de la Mure, des confréries de Notre-Dame-du-Rosaire et du Saint-Sacrement.

Oysis, laboureur de la Mure, lequel ils donnent annuellement audit Seigneur Testateur imposée sur une maison et étable acquise par ledit Antoine Oysis quand vivait, d'un Guillaume Runer, autrefois de la Mure, ou de Jean son fils, située dans ladite Mure, en la rue des Sourdes [1], qui va de l'hopital au chateau dudit lieu [2].

« Donne encore et lègue le mesme Seigneur Testateur et veut estre payé par ses héritiers universels sousnommés et les leurs à perpétuité environ chaque feste de tous les Saints, aux confrères de Notre-Dame du Rosaire et du Saint-Sacrement, fondées dans la mesme église parrochiale de la Mure, pour la messe de mort qu'on célèbre tous les lundy au matin, dans la mesme église ou aux procureurs d'icelles confréries, un florin de bonne monnoye, avec la réserve faite par icelluy Seigneur Testateur que si sesdits héritiers universels sousnommés, ou les leurs, à l'advenir, voulaient bailler auxdits procureurs desdites confréries, qui sont à présent en charge, ou qui le seront pour lors, ou auquel que ce soit d'iceux, pour lesdits deux florins payables annuellement, ci-dessus légués, de leurs censes ou pentions le cas arrivant, ils soient dans le pouvoir et dans la liberté de le faire en baillant desdites censes ou pentions pour les florins à eux légués, à laquelle que ce soit de ces confréries lesdits héritiers universels sousnommés, soient et demeurent quittes envers iceux procureurs.

« Veut encor, lègue et ordonne le mesme Seigneur Testateur estre à perpétuité célébrées par les sieurs religieux

[1] Voilà, pour la rue des Sourdes, une indication très précise.

[2] Au château delphinal qui existait encore en 1535, date de ce testament.

du Prioré[1] de Notre-Dame dudit lieu de la Mure, dans la même église parrochiale, à scavoir : à l'autel de la chapelle fondée par le mesme Seigneur Testateur, comme sus est dit, dans la même église parrochiale, et à la louange de Dieu tout puissant et de Nostre Dame de Pitié, à scavoir à chaque jour de chaque semaine, comme il est spécifié ci-après distinctement et par le même, à scavoir : en premier lieu, à chaque jour de dimanche, une messe appelée la messe du jour et lundy une messe pour les déffunts; tous les mardy, une messe du Saint-Esprit; tous les mercredy et samedy, une messe à l'honneur de la glorieuse Vierge Marie; tous les jeudy, une messe de la Trinité; tous les vendredy, une messe de la très Sainte-Croix, avec la passion de Notre-Seigneur, pour lesquelles susdites messes lesquelles seront dites, comme sus est dit, par les sieurs religieux de la Mure, le susdit Seigneur Testateur a donné et lègue auxdits sieurs religieux qui sont à présent ou qui pour lors seront, scavoir : cinquante-trois florins et six gros de la monnoye susdite ayant cours à présent, exigeables et reccpvables par iceux sieurs religieux de la Mure, ou par ceux qui leur succéderont audit Prioré, annuellement à perpétuité à chacune fête de tous les Saints sur les sousnommés, comme débiteurs de pentions annuelles au terme susdit de la feste de tous les Saints, le nom et surnom desquels

[1] Le prieuré de bénédictins de la Mure y fut fondé à une époque antérieure à 1079 par des religieux de l'abbaye de Cluny. Il n'en existe d'autre trace aujourd'hui que le nom de Prieuré resté à des terres qui lui ont appartenu autrefois. Il devait se trouver à la place qu'occupe aujourd'hui le presbytère ; une partie de la vieille église de la Mure, celle qui a la forme ogivale, dépendait de l'ancienne église du prieuré qui servait aussi d'église paroissiale.

est ci-après déclaré comme appert par les reconnaissances par iceux cy-devant passées en faveur dudit Seigneur Testateur, reçues par moy notaire soubsigné des ans et jours y contenus, premièrement de Guigues Fiatet, marchand à la Mure, six escus d'or au soleil, monnoye de Roy,. plus de François Girard et les siens dix-sept florins, plus de Jean d'Herbeys, dit Filiard, comme ayant droit sur une maison par luy acquise de Pierre Pecot de la Jarny, paroisse de Saint-Jean-d'Hérans, située dans la ville de la Mure[1] quatre florins, plus des héritiers de François Hely, dit Teytard, maréchal de la Mure, deux florins, plus sur les moulins de Prunières tenus par les Cots dudit lieu, cinq florins, plus de Didier Desportes, cinq florins de pention annuelle imposée sur sa maison, et pour le payement desquelles pentions toutes les années, comme sus est dit, demeurent obligés audit Seigneur Testateur tous les biens d'un chascun des susnommés mentionnés et énoncés dans leurs reconnaissances par moy notaire et outre ce, moyennant lesdites pensions le mesme Seigneur Testateur veut et ordonne que les susnommés religieux qui sont à présent, ou qui seront à l'advenir soient obligés à perpétuité tous les jours de dimanche et autres festes solemnelles après les vespres dites, d'aller chanter à haute voix dans la susdite chapelle l'antienne du *Salve Regina* comme les susdits religieux sont déjà en coutume de faire.

« De plus, le susdit noble Humbert de Combourcier, testateur, veut et lègue et ordonne que sesdits héritiers

[1] On voit par cet acte que dès cette époque la Mure était qualifiée de ville.

universels sous nommés et leurs successeurs soient tenus et obligés de pourvoir décemment et honorablement des ornements nécessaires à ladite chapelle, et icelle maintenir bien et duement couverte, l'autel garny des choses nécessaires, le tout aux propres couts et dépens de ses susdits héritiers universels sous nommés et des leurs; veut encore et ordonne le mesme Seigneur Testateur estre fait par ses héritiers universels sous nommés, un grand drap noir honnête et sortable, avec une croix blanche, pour mettre sur son corps, lequel drap, après que son corps sera enterré, il veut demeurer sur sa tombe une année entière, comme c'est la coutume, à compter dès le jour de sa dite sépulture, et que le susdit drap, ou parement noir, l'année de son déceds estant finie, soit mis dans le lieu où l'on garde les ornements, ses armes y estant gravées. »

Voici, on ne saurait le nier, une belle et pompeuse ordonnance de funérailles et d'œuvres pies. Sans s'arrêter aux longueurs et aux répétitions dont abonde le style du tabellion murois, on se prend à admirer la force d'âme et la sérénité d'esprit avec lesquelles le haut et puissant Seigneur de Saint-Eusèby et de Beaumont règle toutes choses par le menu. On dirait qu'il assiste à ses funérailles et en conduit l'ordonnance.

Après avoir lu cette première partie de son testament, on reste convaincu que c'était un homme fortement trempé, plein de nobles et religieux sentiments, de beaucoup d'ordre et non dépourvu d'économie. On pourrait se demander si c'est à ce dernier mobile qu'il obéit lorsque, après avoir fixé le salaire des prêtres et des religieux qui assisteront à ses funérailles, il ajoute et répète les mots *sans dîner* et *tant seulement*. Mais il est plus vraisemblable que, se souvenant d'avoir vu des prêtres et des religieux en gaîté après un repas copieux et bien arrosé, aux obsèques de quelqu'un de ses proches, il ne veut pas que pareil fait ait lieu à son décès. Ce qui confirme dans cette interprétation, c'est qu'on le voit ordonner qu'il soit délivré une assez copieuse quantité de pain, de vin et de viande aux confréries de Saint-Crépin et de Saint-Bernard. Mais ceux-ci ne doivent ni manger ni boire en sa maison.

Mais continuons à suivre ses dispositions, nous y remarquerons bientôt un autre côté de son caractère, sa bonté envers ses serviteurs, sentiment habituel du reste chez tous les membres de cette noble et illustre famille.

« Plus, le mesme Seigneur Testateur donne, lègue et laisse par droit de particulière institution à nobles demoiselles Marguerite, Magdeleine et Ennemonde Béranger, filles à noble et puissant Gabriel de Béranger, Seigneur de Pipet, et de noble Marguerite de Combourcier, fille dudit Seigneur Testateur, et ce pour tous droits maternels et outre la dot constituée à ladite Marguerite de Combourcier, sa fille, lorsqu'elle contracta mariage avec ledit Seigneur de Pipet; son mari susdit, à savoir : trente escus d'or au soleil, monnoye de Roy, par égales parts, à sçavoir : dix escus d'or à chacune d'icelles, monnoye sus dite, à elles payables pour la chacune d'elles par ses héritiers universels sous nommés, l'année de son déceds; les excluant et dejettant toutes et la chacune d'elles moyennant ce, de tous et un chacun de ses biens;

« Plus, le susdit Seigneur Testateur donne, lègue et laisse par droit de particulière institution, à noble Ennemonde et Jeanne, filles de noble Henry Souffrey des Angonnes, et de noble Jeanne de Combourcier, mariés, fille dudit Seigneur Testateur, outre la dot par luy constituée à ladite Jeanne de Combourcier, sa fille, lorsqu'elle contracta mariage avec icelluy noble Henry Souffrey, sondit mary, trente escus d'or sol, monnoye de Roy, payables à une chacune d'elles quinze escus d'or, monnoye susdite, l'année de son déceds; la susdite dot payée, ou non payée, les excluant au moyen de ce et voulant que chacune d'elles demeure privée de tous ses autres biens.

« Item, donne et lègue, le susdit Seigneur Testateur, délaisse par droit d'institution particulière à noble demoiselle Suzanne de Combourcier, femme de noble et puissant Henry de Moustier, seigneur de Ventavon, fille dudit seigneur testateur, outre la dot à elle constituée lorsqu'elle contracta mariage avec ledit Seigneur de Ventavon, son mari, à sçavoir, cinquante escus d'or au soleil, monnoye susdite, lesquels icelluy Seigneur Testateur veut et ordonne estre payés à ladite demoiselle Suzanne de Combourcier par ses héritiers universels sousnommés, ou les leurs, l'année de son déceds, voulant que de ce elle soit contente et demeure exclue et privée de tous et chacun ses autres biens;

« Item, le susdit Seigneur Testateur donne et lègue à Michel Favier, fils de feu Jean Favier, son serviteur, pour les bons services qu'il a reçus de luy, cinquante florins à luy payables par ses susdits héritiers universels sousnommés, incontinent après le décès dudit testateur;

« Semblablement, le mesme Testateur donne et lègue à ses servantes cy-après nommées, scavoir : à chacune d'icelles, en premier lieu, à Guigonne Olivier, vingt florins, à Antonie Alier, dix florins, à Marguerite Poncet, dix florins, à Françoise de Pradora, dix florins, à Alix

Turrel-Cailloud, un plassage et maison acquise par ledit seigneur testateur de Jean-Radulphe Michon, clerc de Puteville, s'il arrive qu'icelle Alix vienne à se marier avec un des enfants de feu Jean-Radulphe Michon, qui la recherche en mariage, et outre icelle maison et plassage, ledit Seigneur Testateur donne et lègue à ladite Alix Turrel autres dix florins;

« Item, à Eynarde Brunel, fille à feu Pierre Brunel, des Costes, damoiselle de Madamoiselle Du Terrail, dix florins; item à Jeanne Miard, damoiselle de Madamoiselie Du Monestier, autres dix florins, à elles payables à la première réquisition de chacune d'icelles, après le déceds dudit seigneur testateur;

« Item, donne et lègue ledit Seigneur Testateur à honnête femme Marguerite Girard, veuve de feu Pierre Dherbeis, les fruits, usages et jouissance d'une maison et estable par luy acquise, située dans la ville de la Mure, en la rue de Pierre-Grosse[1], jouxte leurs confins, avec leurs droits et appartenances, et encore les usufruits d'une certaine pièce de verger ou pré par luy acquis de noble Antoine d'Ambel, châtelain de Beaumont, situé hors la ville de la Mure, près les fossés d'icelle, du costé de la bise, le chemin public, du levant; la terre de ladite Marguerite de Chambressand, du vent, et les prés du verger de ladite Marguerite et les héritiers de Jacques Faure, dit Miard, dessus, du couchant; item, donne et

[1] Cette rue qui devait probablement son nom à quelque énorme bloc erratique qui existait dans son voisinage, n'a pas jusqu'ici changé de nom et s'étend du voisinage de la halle aux blés, au point de jonction des rues Saint-Jacques et rue Murette, jusqu'au boulevard des Écoles, de création récente. Elle se terminait, au temps d'Humbert de Combourcier, aux remparts de la ville et à la porte dite porte du Rivier.

lègue le mesme Seigneur Testateur, à ladite Marguerite Girard, les usufruits, jouissance et usage d'une certaine autre sestérée de terre et pré, cy-devant acquise par ledit noble testateur de certains Jean et Antoine André, frères, de la Mure, située au devant d'Antizon[1] et ce, la vie naturelle de ladite Marguerite durant, en sorte qu'elle puisse jouir d'iceux héritages et usufruits durant sa vie, sans aucune contradiction et sans que de la possession desdits héritages et usufruits sesdits héritiers universels, ni les leurs, puissent troubler ni inquiéter ladite Marguerite Girard, tant qu'elle vivra;

« Item, veut et ordonne le même Seigneur Testateur que ses héritiers universels sousnommés, ni les leurs à l'advenir, ne puissent, après son déceds, soit d'eux-mêmes ou par personnes supposées, faire appeler, contraindre, ou troubler en façon que ce soit honnête Me Claude Girard, notaire à la Mure, pour quelque reddition de compte, sous prétexte de la recepte de quelles debtes que ce soit, qu'il peut avoir cy-devant faites au nom dudit Seigneur Testateur, de tout le temps passé qu'il a été à son service, jusques à présent, le quittant et les siens entièrement de tout ce qui pourrait lui être demandé pour ce regard de tout le passé fin à ce jour.

« Item, donne et lègue de mesme Seigneur Testateur à honnête Claude Bonen, de la Jerny, paroisse de Saint-

[1] Antizon, aujourd'hui appelé Nantizon, village situé à un peu plus d'un kilomètre de la Mure, dans un joli vallon qui s'étend de la petite montagne de Cimont au coteau de Brédan.

Au fond du vallon de Nantizon s'élèvent au sommet d'un pic aigu les ruines pittoresques du donjon du château féodal de Roche-Paviote, qui appartenait jadis à Eudes Alleman, Seigneur de Valbonnais, puis aux Alleman, Seigneurs de Commiers.

V. testament de Eudes Alleman, déjà cité.

Jean-d'Hérans, en Trièves, diocèse de Die, son recepveur moderne, cent florins de monnoye courante, pour les bons services qu'il a reçus de luy, payables par ses héritiers universels sousnommés, incontinent après son déceds et moyennant ce ledit Bonen sera tenu de rendre compte à ses héritiers, à la présence dudit Me Claude Gaillard des receptes par luy faites, au nom dudit Seigneur Testateur et payer le reliquat à la première et simple requisition desdits héritiers universels sousnommés, après la mort dudit testateur.

« Item, veut et ordonne ledit Seigneur Testateur que s'il arrivait qu'après son déceds, quelque homme digne de foy, ou plusieurs, vinssent à alléguer avoir baillé quelques sommes de deniers, à luy ou à ses recepveurs, pour le payement de quelqu'un de ses debtes, et qu'on n'ait pas escript lesdits payements, le cas arrivant, il veut que ses héritiers universels sousnommés ayent à se tenir au serment que feront lesdites personnes, assurant que lesdits payements ont été faicts; veut en outre et ordonne le mesme Seigneur Testateur, que s'il arrive ou arrivait à l'advenir, qu'on vint à découvrir quelque erreur aux comptes par luy faits avec ses débiteurs, qu'àcedict cas la vérification en soit faite en la présence du susnommé Me Gaillard, son receveur et serviteur et que les sommes excessivement exigées, au moyen desdites erreurs, soient imputées et allouées en faveur desdits débiteurs, ou des leurs à la diminution de leurs debtes, ou restituées à iceux, en cas d'entier payement, lorsque cela arrivera. »

Ces dernières dispositions, il est superflu de le faire remarquer, nous prouvent combien le noble Testateur, très soigneux cependant de ses biens temporels, désirait éviter toute erreur et toute injustice.

Nous allons le voir, dans les dispositions suivantes, faire entre Jean et Guigues de Combourcier, ses fils, le partage de ses biens de toute nature. On pourra en apprécier l'importance, et, dans les détails qui en accompagnent et précisent la situation, nous aurons à relever des indications précieuses pour l'histoire et l'archéologie de la Mure.

« Et en tout ce qui concerne ses autres biens, meubles, immeubles, droits, actions, châteaux, seigneuries, fiefs, arrière-fiefs, censes, revenus, juridictions, mandements ou autres biens quelconques, de quelle nature, qualité et en quels lieux qu'ils soient et de quel autre nom qu'ils puissent être appelés en quelques parts et lieux qu'ils soient posés et situés, il a institué ses héritiers universels et nommés de sa propre bouche, savoir : nobles Jean et Guigues de Combourcier, frères, ses très chers enfants naturels et légitimes, à la façon et manière que s'en suit et aux biens cydessous particulièrement déclarés :

« Premièrement, donne au susnommé, noble Jean de Combourcier, son aîné et procréé en légitime mariage, savoir : en premier lieu, certaine habitation appartenant audit Seigneur Testateur, appelée les Tours, avec ses plassages, droits et appartenances quelles qu'elles soient, avec le jardin et pré joignant ladite maison, situés dans la ville de la Mure, en la rue du Château[1] et outre ce, la contenance de ses maisons et granges appelées les Sourdes, avec le verger aboutissant audit bâtiment du côté du vent, lesquelles maisons, tours, verger et granges des Sourdes, avec le pré et jardin de dernier ont pour confins : l'eau de Jonche, du côté du couchant, le jardin

[1] Ainsi nommée parce qu'elle conduisait au château delphinal.

et château de Notre-Seigneur le Dauphin[1] entre deux, la rue publique allant audit château du levant, avec ses autres confins.

« Semblablement, ledit Seigneur Testateur donne audit noble Jean de Combourcier, son aîné, toute la contenance des maisons et estables par luy cydevant acquises de la susnommée honnête femme, Marguerite Girard, veuve de Pierre d'Herbeys, situées dans ladite ville de la Mure, dans la grande rue publique[2] ou en la rue Pierre-Grosse, jouxte ladite rue publique du levant, les maisons des héritiers d'Antoine Bonfils et une ruette entre deux, du côté de bise, et les maisons des héritiers de Jean-Nicolas, du vent, comme il a assuré apparoir de ladite acquisition, par instrument pris et reçu par notaire public, laissant à ladite Marguerite Girard, comme l'a cy-dessus ordonné, l'usage, jouissance et usufruit desdites maisons et estables, avec leurs droits et appartenances, sans frais ni despens, sa vie durant ;

« Item, institue son héritier universel comme dessus ledit noble Jean de Combourcier, son fils, en certaine boutique acquise aussi cydevant par le Testateur de Jean Rougier, autrefois marchand de la Mure, située dans ladite ville de la Mure, dans la Grande rue, jouxte les boutiques de Pierre et Guillaume Desprets, frères, marchands à la Mure, qui souloient estre autrefois dudit Jean Rougier, de bise et du vent, et jouxte la cave desdits

[1] Voir, à la fin de ce paragraphe, les indications et détails historiques sur le château des Dauphins, à la Mure.

[2] La Grande rue existe toujours avec le même nom, ayant son point de départ vers les rues de la Magdeleine et de Calemar, et finissant un peu au-delà de la halle aux blés, à son point de contact avec la rue Pierre-Grosse.

Desprets, dernier du couchant et ladite Grande rue, audevant du levant;

« Item, luy donne un certain sien verger par luy cydevant acquis de Benoît Fiatet, situé devant l'église de la Mure, jouxte la rue qui va à ladite église du levant, jouxte la maison et pré de la Sacristie de la Mure, du vent le verger des héritiers de Telmon Michon de bise, la maison de la Cure[1] et le pré du Prioré dudit lieu de la Mure, du même côté « du levant et les terres de Jean Richard, fils de feu Me François Richard, du couchant et les autres confins ;

« Item, un certain sien pré, au delà de l'Église, de ladite Mure, au-dessus de la terre de l'Église, jouxte deux chemins publics dessus du vent ou du côté de ladite Église et la terre dudit Seigneur Testateur, dessous du levant;

« Item, toute sa terre dite, ou appelée son Grand Champ de l'Église[2] jouxte le pré cydessus confiné et le chemin qui va de la Mure à Ponthaut du vent, le chemin qui va de ladite Église au Saulze, dessus, et ses autres confins,

« Item, deux pièces de terre situées au Sert de la Mure[3],

[1] L'ancien presbytère existe encore à la Mure, à l'extrémité de la rue qui conduit à la vieille église.

[2] Cette portion du territoire de la Mure s'appelle aujourd'hui la Condamine (*de camput Domini,* champ du Seigneur). Les deux chemins indiqués comme confins existent toujours ; toutefois une partie de celui qui se dirigeait vers le Sauze et Nantes-en-Rattier, se confond aujourd'hui avec la route nouvelle de la Mure à Lavaldens et à la Morte.

[3] Le Sert de la Mure s'appelle aujourd'hui la Citadelle, ou le Calvaire, parce qu'il a eu successivement, au point d'où il domine la Mure, d'abord la Citadelle qui fut détruite pendant le siège de 1580 et une chapelle ou Calvaire qui fut démolie lors de la Révolution française.

la première desquelles a pour confins deux chemins publics, dessus et dessous, et l'autre située au mesme lieu, par luy acquise d'un certain André-Germain Matton;

« Item, certaine autre pièce de terre située devant Antizon, et semblablement toutes les autres terres qu'il a depuis les portes de la Murette et de Pierre-Grosse [1], par luy cidevant acquises, tant de Pierre et Guigues Fiatel du fondeur dudit lieu de la Mure, et Lantelme Desprets que autres jusques à l'Horme de Coignet [2] et jusques au détour de Ponsonnas, excepté la terre et le pré acquis de noble Antoine d'Ambel;

« Item, une certaine pièce de pré acquise par ledit Seigneur Testateur de Louis Richard-Janin, autrefois de Coignet;

« Item, une sesterée de pré devant Antizon, cydevant acquise de certains Jean et Antoine André Boisson, frères;

« Item, son pré du Villars;

« Item, les prés par luy acquis de Jean Giles, vers le Crey, comme appert par les contrats reçus par moy notaire soussigné;

« Item, son pré de la Cepière;

« Item, son pré et bois de la Touche;

« Item, tout ce qu'il possède au lieu des Bruneaux, soit maisons, granges, prés et terres;

[1] La Mure avait encore à l'extrémité de la rue Magdeleine la porte dite le Portail d'en haut. C'est de ce point qu'un chemin couvert conduisait à la Citatelle.

[2] L'orme de Cognet est souvent indiqué, comme l'une des limites du territoire de la Mure, dans les chartes des Dauphins de Viennois; mais il est peu facile aujourd'hui d'en retrouver exactement la place.

« Item, toutes les censes et revenus qu'il reçoit et est en coutume de recepvoir ledit Seigneur Testateur aux mandements de la Mure, la Motte-Saint-Martin et en la vallée de Commiers et de Varces ;

« Item, ses châteaux et maisons fortes, juridictions et mandements de Saint-Eusébý et Beaumont, avec tous leurs droits, prééminences et appartenances, et toutes les debtes actifs qu'il peut avoir auxdits mandements de la Mure, la Motte, Commiers, Varces, Beaumont et Saint-Eusébý, de quelle nature qu'ils soient ;

« Item, les maisons, vignes, prés et terres que ledit Seigneur Testateur a en la paroisse de Mayres et le moulin acquis, il y a longtemps, par ledit Seigneur Testateur, avec terme de réachept, de l'honorable Seigneur de Marcieu, situé dans ladite paroisse de Mayres ou Saint-Arey ;

« Item, un sien autre pré, au lieu de la Planchette, acquis il y a longtemps d'un certain Pierre-André Jadel ;

« Item, ses prés du Collet et Putville;

« Item, toutes les censes, revenus et tributs que ledit Testateur perçoit annuellement et est en coutume de percevoir, comme aussi tous les debtes actifs qu'il peut avoir au mandement de Trièves, diocèse de Die ;

« Item, donne ledit Seigneur Testateur au même noble Jean de Combourcier, son très cher fils naturel et légitime, son pré appelé des Boteillarets [1], jouxte ses confins ;

« Item, institue ledit Seigneur Testateur son héritier universel comme dessus, le noble Jean de Combourcier, son dit fils, en tous les debtes qui peuvent lui être dus en la ville de Grenoble, comme aussi aux maisons, vignes, prés et terres qu'il a audit Grenoble, au lieu appelé

[1] Commune de Pierre-Châtel.

la Tronche, et semblablement en tous les biens de quelle nature et condition qu'ils soient, par luy acquis de noble Claude de la Pierre, au lieu de Voreppe ;

Item, en tous ses biens, meubles, quels qu'ils soient, qui se trouveront dans lesdites maisons données comme sus est dit, audit noble Jean de Combourcier, pour sa part, par le susnommé Seigneur Testateur, auxquelles il l'a institué son héritier universel ;

« Et outre ce que dessus, le mesme Seigneur Testateur institue son héritier universel le susnommé noble Jean de Combourcier, son dit fils en toutes ses autres terres, domaines, pensions, revenus, censes, debtes, quels et en quel lieu qu'ils soient, non mentionnés au présent testament ;

« Item, institue son héritier comme sus est dit, et nomme de sa propre bouche le même Jean de Combourcier, en tout l'or et l'argent monnoyé et non monnoyé qui sera trouvé et pourra être trouvé, après le déceds dudit Seigneur Testateur, dans sa voute appelée le comptoir ;

« Item, le même Seigneur Testateur institue semblablement son héritier universel comme dessus, et nomme de sa propre bouche le susdit noble Guigues de Combourcier, son fils très cher, naturel et légitime en ses biens, héritages, juridictions, châteaux, seigneuries, fiefs, arrière-fiefs, censes, tributs, revenus, domaines et tous autres biens cy-après, particulièrement spécifiés et déclarés :

« En premier lieu, donne les châteaux, seigneuries, censes, revenus, droits et appartenances de ses mandements, terres et juridictions de Ratier et du Monêtier-d'Ambel, avec les revenus desdits châteaux, juridictions et seigneuries et les maisons, terres, prés, vignes, forestages qui sont dans lesdits mandements et juridictions, comme aussi toutes les censes et revenus que ledit Testateur a acquis auxdits mandements, et outre ce, les maisons, terres et prés, fours, censes et redevances quelconques que ledit Seigneur Testateur a dans les mandements de Vaubonnais et Entraigues, avec les debtes qui luy sont dues dans lesdits mandements de Ratier, Monestier-d'Ambel, Vaubonnais, le Perier et Entraigues ;

« Item, luy donne ses moulins de Paquets au mandement de Corps ;

« Item, luy donne ses maison et grange, acquises par ledit Seigneur Testateur, qui étaient autrefois à nobles Claude et Jean Sonnier, père et fils, de la Mure, situées dans ladite ville de la Mure, en la Grande rue, jouxte leurs confins ;

« Item, luy donne la maison ascensée dudit Seigneur Testateur, par Louis Faure, mercier habitant dudit lieu de la Mure, située dans icelle, en la Grande rue, jouxte ladite Grande rue, du couchant, et la maison de noble Pierre Faure, dit Miard, dessous, et du vent.

« Item, luy donne une maison ou cave, située dans ladite ville de la Mure, en la rue du Four[1], avec les tonneaux et vaisseaux qui s'y trouveront ;

« Item, luy donne trois cuves qui sont dans la cave des susdites tours du Testateur, plus luy donne ses vignes de Bois-Grand, de Coignet et de Pierre-Grosse, avec un cer-

[1] Il n'existe plus de rue du Four à la Mure. Mais jusqu'après 1830, la ville, avant d'avoir un octroi, retirait son principal revenu d'un four banal situé dans la rue Murette et d'un autre four de la rue du Breuil, auxquels tous les habitants et même les boulangers cuisaient leur pain. Un procès soutenu par un boulanger contre la Ville a fait cesser cet usage remontant aux temps féodaux.

tain sien verger situé audit Coignet, auparavant acquis de Chalvin, dudit lieu ;

« Item, lui donne un certain sien pré, situé en la paroisse de Saint-Honoré, acquis par ledit Seigneur Testateur de feu Pierre et François Després frères;

« Item, luy donne un certain sien autre pré situé en la paroisse de Festigny, appelé le Pré-du-Moulin, cy-devant acquis par ledit Seigneur Testateur des héritiers de Me François Richard, notaire, de la Mure ;

« Plus, luy donne une certaine sienne maison, située dans le Bourg-d'Oisans, et avec ce tous les debtes qui se trouveront être dus audit Seigneur Testateur dans ladite ville du Bourg-d'Oysans et tout le mandement d'Oysans.

« Item, luy donne toute la contenance des maisons, granges, prés et terres du Terrail, situés en la parroisse de la Mure, avec tous leurs droits et appartenances ;

« Item, luy donne toute la contenance des maisons et châteaux, prés et terres du Villard-Bonnard, et semblablement toute la dépendance de ses maisons, terres et prés de La Chau en Combourcière, en la parroisse de Saint-Honoré[1];

« Semblablement, lui donne une sienne saigne, acquise d'un certain Claude Després, située au lieu appelé Les Prés, jouxte ses confins ;

« Item, luy donne le susdit Seigneur Testateur, une vigne par luy acquise des héritiers de Jean Rugier Thomas, située au vignoble des Epalues, avec ses droits et appartenances ;

« Item, institue son héritier universel comme dessus,

[1] Voir ci-après la substitution relative à ses biens patrimoniaux de Saint-Honoré.

le susnommé noble Guigues de Combourcier, son très très cher fils naturel et légitime, en tous ses biens meubles qui sont dans les châteaux, maisons et granges à luy donnés par ledit Testateur, et semblablement en tout l'or et l'argent monnoyé et non monnoyé qui sera trouvé dans le coffre dudit Seigneur Testateur, qui est dans la petite salle desdites tours, proche de son lict, après sa mort;

« Ordonne encore, ledit Seigneur Testateur, que sesdits héritiers universels susnommés ne puissent rien rechercher et y demander l'un à l'autre pour ce qui concerne les susdits biens à eux légués;

« Item, ledit Seigneur Testateur a institué de sa propre bouche, nommé comme dessus ses héritiers universels les susnommés Jean et Guigues de Combourcier frères, ses susdits fils, très chers naturels et légitimes, au château de Falavier et juridictions, censes, revenus, émoluments, immunités, franchises, libertés, appartenances quelconques dudit château, acquis il y a longtemps par ledit Seigneur Testateur du Révérend Père en Dieu et illustre Seigneur, Jean d'Orléans, archevêque de Toloze et évesque d'Orléans, avec tous les debtes qui se trouveront dus audit Seigneur Testateur dans les châteaux, juridictions et mandement de Falavier, par égale part et portion, ou également et par moitié, instituant et nommant de sa propre bouche, comme sus est dit, les susnommés nobles Jean et Guigues de Combourcier, ses très chers fils légitimes et naturels, tant conjointement que séparément ses héritiers universels en tous ses biens, à la forme et manière cy-dessus exprimée, par lesquels veut et ordonne le mesme seigneur les susdits légats, debtes, clameurs, aumosnes, forfaits, être payés et paisiblement acquittés à la prière de la Sainte-Mère l'Église et des gens de bien, voulant et ordonnant le même Seigneur Testateur, par la teneur de ce sien dernier testament nuncupatif et dernière volonté nuncupative, qu'au cas que l'un de ses héritiers universels susnommés vint à mourir sans enfant ou enfants légitimes, ou légitimés, masle ou masles, né ou nés en légitime mariage, il substitue[1] au premier mourant de la sorte, le survivant d'iceux, ou les enfants masles dudit survivant en légitime mariage, et s'il arrive que ses deux héritiers universels vinssent à mourir sans enfant ou sans enfants masle ou masles, né ou nés en légitime mariage, il leur substitue noble Jean de Combourcier, fils de noble Aymar de Combourcier, neveu dudit Seigneur Testateur et ses enfants mâles, à savoir : en ses biens paternels anciens tant seulement de Saint-Honoré[2]; et en ses autres biens, le cas ci-dessus étant arrivé, il substitue à sesdits héritiers universels les enfants mâles du susnommé noble et puissant Henry de Moustiers, seigneur de Ventavon, et de la noble et illustre demoiselle Suzanne de Combourcier, mariés, et leurs mâles légitimes et nés en légitime mariage, par droit de légitime substitution; et afin que la présente disposition que fait maintenant ledit Seigneur Testateur de ses affaires et biens soit mieux, plus assurément, promptement et parfaitement exécutée pour le salut et remède de son âme et de celle de ses parents et amis trépassés, il a fait, ordonné et voulu être les exécuteurs de son dit testament nuncupatif et dernière

[1] On verra plus loin que cette substitution fut la cause d'un procès entre Scipion de Combourcier et la marquise de Saillans, sa cousine.

[2] Ses biens de la Chaux et Combourcière sont ici indiqués par le Seigneur de Beaumont comme ses biens paternels les plus anciens.

volonté nuncupative, les vénérables et religieux personnages sieur Claude Girard, moine claustral du prieuré de la Mure, et Jacques Empereur, chapelain et recteur de la chapelle de Sainte-Croix[1], fondée dans ladite Église parroichiale de la Mure, auxquels il a donné pouvoir et autorité de faire prendre tous ses légats sur ses biens et droits susmentionnés, et pour leur peine et travail, le même Seigneur Testateur a ordonné leur être payé par ses héritiers universels sus escripts, dix florins à chacun d'eux de bonne et due monnoye, à la première et simple réquisition d'iceux sieurs Exécuteurs ;

« Et cecy est le dernier testament nuncupatif dudit Seigneur Testateur et sa dernière volonté nuncupative, lequel ou laquelle il ordonne valoir par droit de dernier testament nuncupatif, ou par droit de dernière volonté nuncupative, et, s'il ne peut valoir par ce droit, il veut qu'il vaille par droit de codicille et de donation à cause de mort, ou par droit de quelle autre dernière volonté que ce soit, et selon les lois, ou canoniques ordonnances ou même par le droit ou les droits en faveur duquel ou desquels il pourra et devra mieux et avec plus de force et efficace valoir soit de droit ou de coutume, et si jamais il avait fait un ou plusieurs testaments, un ou plusieurs codicilles, une ou plusieurs donations, il les casse, révoque et annulle par la teneur de ce sien dernier testament et veut qu'ils ne soient d'aucune valeur ni efficace, ce sien présent testament demeurant toujours en sa force, efficace

[1] La famille Empereur qui existe encore à la Mure et à Sousville avait droit à la nomination du chapelain de la chapelle de la Sainte-Croix, en l'église de la Mure. Voir *la Mure et la Matésine,* d'après les notes de M. A. Fayolle, page 120.

et vertu, priant les témoins sous escripts qui ont assisté à la sienne présente disposition, lecture et publication d'icelle, d'en être mémoratifs et témoins en temps et lieu qu'ils en seront requis, priant aussi moy, notaire royal-delphinal public, soussigné, comme personne publique et commune de faire un ou plusieurs instruments publics de toutes les choses susdites, ou d'une chacune d'icelles, lesquelles puissent être corrigées du conseil et dictamen de toute personne versée en droit, sans changer la substance du fonds.

« Fait et publié en la présente ville de la Mure, dans les Tours dudit Seigneur Testateur, dans la petite salle du Fourneau, sur son propre lict, proche dudit fourneau, et ce, présents : noble et puissant Hugues, seigneur de Brion, etc... » (Suivent les noms et qualités des témoins que nous avons indiqués déjà en tête de ce chapitre.)

« Tous témoins dudit lieu de la Mure, connus par ledit Seigneur Testateur, et de sa propre bouche nommés et surnommés, à ce présents appelés, et moy Barthélemy Taverdon, clerc de la Mure et notaire public par auttorité Delphinale, qui ai été appelé et requis avec les susnommés témoins, pour rédiger par escript toutes les choses susdites, desquelles j'ay pris et reçu les mémoires, lesquelles à la prière et réquisition des héritiers universels du susnommé noble et puissant Testateur, estant occupé à d'autres affaires, j'ay faict escrire et grossoyer par mon fidèle coadjuteur, en trois peaux jointes ensemble, et réduire en cette publique forme, et à ce qu'on ajoute plus de foy à ce présent public instrument du testament, duement au préalable collationné avec mes mémoires, qui tiennent lieu de registre, je me suis signé de ma propre main et ajouté ma paraffe à ma signature, pour la force et témoignage de la vérité de toutes les choses susmentionnées. — TAVERDON.

« Collationné par moy conseiller secrétaire du Roy et des finances en Dauphiné, soubssigné. — DU VILLARD. »

Le testament d'Humbert de Combourcier est un document des plus précieux pour l'*Histoire de la Mure.*

Nous avons relevé, dans les notes qui précèdent, les indications les plus intéressantes sur l'église de la Mure, sur les vieilles rues de la ville, sur quelques noms de mas de son territoire et sur de vieux chemins qu'on retrouve encore aujourd'hui.

Il nous reste à faire remarquer qu'il contient la dernière mention de l'existence à la Mure, de l'antique château des Dauphins de Viennois, devenu château royal delphinal par la cession du Dauphiné à la France, et qu'il en précise l'emplacement et les confins.

Dans la région qui compose aujourd'hui le canton de la Mure et qui faisait autrefois partie du mandement de ce nom, les Dauphins de Viennois possédèrent deux châteaux forts.

L'un, construit au sommet d'un mamelon isolé et très aigu, au-dessus du village de Savel[1] qu'il protégeait, dominait à la fois le cours du Drac et la voie Romaine qui, partant de Mens[2], se dirigeait vers Grenoble, en passant

[1] *Savelii campum.*

[2] Au temps de l'empereur Néron, Mens était déjà un *Oppidum* d'une certaine importance; pour l'augmenter encore, Néron, ou l'un de ses lieutenants dans la Gaule, y avait établi des marchés périodiques qui firent donner à Mens le nom de *Forum Neronis.*

par Savel, Marcieu[1] et la station thermale de la Motte. Avant de devenir le château féodal des Dauphins, ce manoir avait été le *castrum* fortifié du chef romain qui était venu fonder sur ce point abrité et fertile des bords du Drac, une colonie à laquelle il laissa son nom, et y planter la vigne, qui continue à y prospérer depuis ces temps si reculés[2].

Les ruines imposantes et une partie très remarquable de son donjon qui s'obstinent à rester debout sur ce pittoresque sommet, donnent une haute idée de la force et de l'importance de ce Castel aux temps de la Féodalité.

Les Dauphins de Viennois n'en restèrent propriétaires que jusqu'en 1315. Par suite d'un échange qui eut lieu, cette année-là, entre le dauphin Jean, deuxième du nom, et noble Damoiselle Gilette Aynard, de l'illustre et antique famille de Monteynard, le Château et la Seigneurie de Savel, le Château et la Seigneurie de Roac, à Marcieu, furent remis par le Dauphin à la noble Damoiselle qui céda, en échange, le Château et les Eaux de la Motte[3].

Le Château de Savel, les terres et les vignes qui en dépendaient restèrent depuis lors à la famille de Monteynard. Mais après quelques siècles de possession, les vignes et les terres de Savel ayant été aliénées, le château,

[1] *Marcii campum.*

[2] Des briques romaines et des pièces de monnaie de l'Empereur Néron ont été trouvées à Savel, il y a peu d'années.

[3] Nous avons trouvé la mention de cet échange, avec cette date, dans un mémoire dressé par M. Platel, avocat à la Mure, pour M. Achard, alors propriétaire des eaux thermales de la Motte, contre la commune de Monteynard.

d'un entretien onéreux, fut abandonné et tomba en ruines[1].

C'est à la Mure même que s'élevait le second et le plus important de ces châteaux forts, sur la colline d'où il dominait à la fois le petit val où coule le ruisseau de Jonche et la Ville ceinte de remparts aux bords desquels il figurait comme une imposante citadelle.

L'inventaire des archives de la Cour des Comptes du Dauphiné mentionne qu'au registre coté *Designatio castrorum delphinalium,* cahier 13, est rapportée une information du 10 mars 1339 constatant que dans la terre de la Mure, il y a un Château joignant le bourg de la Mure, et qu'à ce château sont contigus et appartiennent une grande place, un jardin, un verger et autres dépendances, le tout clos de muraille de 614 toises et demie de longueur, de 14 toises de hauteur et de quatre pieds d'épaisseur, avec quatre grandes portes de pierre de taille ; qu'il dépend aussi du Château de la Mure, en toute propriété, un lac d'un quart de lieue de longueur et d'autant de largeur[2], un pré et des terres, plus les paroisses suivantes :

Celle de la Mure dont dépendent les villages de Prunières, les Meyaroz[3], Coignet, Ponsonnas, la Croix, le Villard-Reynaud, le Villaret et autres.

[1] Il existe dans les archives de la commune de Tréminis des actes de vente de forêts, situées à Avers, par des membres de la famille de Monteynard qui s'y réservent la faculté d'y prendre, quand ils en auront besoin, des bois pour leur pont de Savel.

[2] Ce ne peut être que le lac de Pierre-Châtel, appartenant aujourd'hui à Mme la comtesse de Renéville.

[3] Les Méarots forment aujourd'hui une commune et une paroisse du canton de Corps; on est surpris de les voir figurer, dans cette énumération, parmi les villages dépendant de la paroisse de la Mure.

La paroisse de Mayres et celle de Saint-Arey; celle de Tréfort[1] d'où dépendent les mas d'Herbellon et autres.

Et celles de Saint-Honoré, de Saint-Christophe, de Chaulonges et de Saint-Théoffrey.

D'après le même inventaire et le papier terrier de la Mure de 1261, tous les habitants dudit lieu étaient hommes liges du Dauphin et tout ce qu'ils possédaient, tant nobles que roturiers, était tenu du Dauphin ; toutes les eaux et cours d'eau étaient à lui; il y est dit que dans ce lieu, il y a trente-sept mas et demi dans lesquels le Dauphin seul perçoit taille, lods et ventes de conformité à la reconnaissance de 1166, par laquelle les consuls et habitants au-dedans des murailles et franchises de la Mure s'étaient reconnus les hommes liges du Dauphin[2].

A cette époque déjà bien loin de nous, les Dauphins de Viennois venaient passer en leur Château de la Mure une partie de la belle saison, pour y respirer l'air vif et réconfortant des montagnes et y chasser la bête fauve, alors abondante dans les forêts qui couvraient et abritaient les points élevés du territoire. Le coteau alors appelé le Sert de la Mure était occupé par une forêt d'arbres résineux dont quelques pins rabougris, vestige d'un passé qui n'est plus, marquent encore la place aujourd'hui. Au lieu d'être nu comme il l'est aujourd'hui, le territoire de la Mure était composé en grande partie de prés et de vergers, où végétaient plantureusement noyers et arbres à

[1] Aujourd'hui canton du Monestier-de-Clermont. Le mas et le château d'Herbellon, dans la commune de Tréfort, sont presque en face de Savel, dont ils sont séparés par l'Ébron et le Drac.

[2] Voir la *Description des cantons et communes du département de l'Isère*, par M. F. Crozet, ancien avocat, au chapitre consacré au canton de la Mure, page 7. Prudhomme, éditeur à Grenoble, 1870.

fruit, en dessous de l'abri de la haute forêt. C'étaient alors de beaux jours pour les habitants de la Mure, ceux où ils voyaient arriver dans leurs murs le Dauphin, sa famille et une suite brillante, amenant avec eux les plaisirs et les fêtes. Les consuls et habitants de la Mure y trouvaient l'occasion d'obtenir des Dauphins quelqu'une de ces faveurs que nous rappellent encore d'assez nombreuses chartes fort curieuses et toujours intéressantes pour notre histoire locale. Ces faveurs, il faut bien le dire, s'obtenaient d'autant plus facilement que le trésor Delphinal était plus à sec, et elles dissimulent, plus d'une fois, sous l'aspect d'une largesse toute gratuite du Suzerain, le payement à celui-ci d'une certaine somme par sa bonne ville de la Mure.

De leur côté, les Dauphines s'occupaient d'œuvres pies et d'œuvres de charité. C'est à elles sans doute qu'on doit la création à la Mure, d'un hôpital, tout près du château Delphinal, sous le nom de *Maison de l'Aumône,* avec jouissance d'une terre presque contiguë, appelée *Champ de l'Aumône* et autres biens.

L'une des plus illustres de ces Suzeraines, Marguerite de Bourgogne, épouse du Dauphin Guigues IV, se plut à résider à la Mure, et à s'y reposer des soucis et des fatigues du gouvernement qu'elle avait eu en qualité de Régente du Dauphiné, pendant la minorité de son fils.

Notre vieil historien Chorier raconte que son fils, Guigues V, mourut en 1162 [1] et, citant le chanoine Guillaume, ajoute que cette noble princesse tomba malade, pendant qu'elle demeurait à la Mure, accablée du chagrin

[1] Le 8 février. V. *Histoire de Grenoble,* par M. Prudhomme, archiviste de l'Isère. Allier, imprimeur à Grenoble, p. 98.

d'avoir perdu son fils, et mourut moins d'un an après lui[1]. Lorsqu'elle se vit près de sa fin, elle appela auprès d'elle des religieuses du monastère des Ayes qu'elle avait fondé près de Bernin, pour faire profession entre leurs mains et mourir dans leur habit. Son corps fut emporté, en grande pompe, de la Mure au couvent des Ayes.

La Mure possède une précieuse relique de cette illustre et pieuse princesse. C'est son portrait où elle est représentée en habit de veuve et de religieuse, avec le titre latin : *Margarita, Comitissa Albonis*. Cette noble épave de notre histoire locale se trouvait dans la vieille chapelle de l'hôpital lorsqu'il fut aliéné à la ville. Le nouvel Hôtel de ville occupe aujourd'hui la place de l'ancien Hôpital et le portrait de la comtesse Marguerite d'Albon a été placé dans la chapelle du nouvel Hospice, en la maison de M. Henri Giroud, qui en est le donateur.

Combien peu d'habitants de la Mure connaissent l'existence de ce rare trésor des temps les plus reculés de son histoire et combien moins encore savent en apprécier la valeur !

[1] « Nondum annus post filii decessum effluxerat, post multos pro « ejusdem filii obitu toleratos dolores, multiformia laboris ac « sollicitudinis pondera quæ in comitatu regendo pertuberat, con- « firmatis ab ea sponsalibus inter filiam filii sui et Comitem Sancti « Ægidii, cum in villa quæ Mura dicitur moraretur, ingratissimam « incidit invaletudinem. »

Ce qui peut se traduire ainsi : Un an ne s'était pas encore écoulé depuis la mort de son fils, qu'après beaucoup de douleurs ressenties au sujet de cette perte, des travaux et des soucis multiples, supportés pendant sa Régence du Comté, et avoir marié la fille de ce même fils avec le comte de Saint-Gilles, elle tomba gravement malade pendant qu'elle demeurait en une ville, appelée la Mure.

V. Chorier, liv. XI, 1er vol., p. 800, éd. de 1661. Philippe Charruys, lib. et imp. à Grenoble.

Le Château delphinal, dont le testament de Humbert de Combourcier nous apprend qu'il existait encore en 1535, dut souffrir beaucoup du siège de 1580, sous le coup d'une batterie de canons placée sur le coteau de Beauregard et transportée à la fin du siège au milieu de la petite montagne de Cimont, en face de ce château. La démolition dut en être ordonnée par le Duc de Mayenne, en même temps que celle des remparts de la ville. Il ne reste de ce Château aucune trace aujourd'hui, à moins qu'il ne s'en retrouve un fragment à l'extérieur du mur de clôture de l'ancienne maison de Ravel, où l'on peut voir des pierres symétriquement rangées, par rangs de peu d'épaisseur où posées, alternativement avec une inclinaison de droite à gauche et de gauche à droite, elles rappellent la petite manière des murs des églises du moyen âge.

Mais s'il ne reste rien du Château Delphinal, il y a encore des traces précieuses, mais fort inconnues, du Couvent de Saint-Jacques qui formait une annexe de ce Château. C'est dans l'enceinte des bâtiments de la famille Caral qu'on peut voir encore des portes, des murs et une petite fenêtre d'un style très remarquable, faisant partie d'une petite chapelle romane, au-dessus de grandes voûtes qui servent aujourd'hui de caves et de greniers et en outre sur l'un des côtés bordant la partie la plus abrupte de la rue Saint-Jacques, un vieux portail gothique en pierres de tuf, et au-dessus du tout, les restes d'un vieux mur en partie construit en pierres de taille et dont le sommet entièrement dénudé dépasse les toitures voisines.

La maison des Tours de Humbert de Combourcier a survécu au Château Delphinal et à ses dépendances qui l'avoisinaient en 1535, ayant pu éviter une ruine complète dans le siège de 1580, par la protection de Balthazard de

Combourcier, son petit-fils, qui était l'un des chefs de l'armée assiégeante. Cependant sa tour du Nord fut démantelée et elle est restée en ruines jusqu'à ces dernières années, où elle a été si bien réédifiée par les Dames de la Nativité.

CHAPITRE IV.

Testament de Jean de Combourcier (2 avril 1570).

Trente-cinq ans se sont écoulés depuis le jour où Messire Humbert de Combourcier dictait ses dernières volontés au notaire Taverdon, et voici que Jean de Combourcier, son petit-fils, se prépare, à son tour, à faire écrire par un notaire de Grenoble ses dernières dispositions.

Ce n'est plus un haut et puissant Seigneur, arrivé plein de jours, aux extrêmes limites de l'âge, après avoir beaucoup travaillé à grandir sa puissance et grossir sa fortune, se préparant à quitter ce monde entouré de beaucoup de pompe et de prières. Aujourd'hui, c'est un gentilhomme encore agréablement sain de corps, sens, mémoire et entendement, qui veut assurer l'avenir de son fils encore mineur et le repos de la Dame son épouse, si elle restait veuve.

C'est dans la boutique de Me Antoine Revol, couturier [1]

[1] Nous dirions aujourd'hui maître tailleur ou marchand tailleur; nous disons encore : une couturière.

au Ban-de-Malconseil [1], à Grenoble, qu'il va dicter ses dernières volontés à Me Empereur, son notaire [2]. Comme témoins et conseils, il a réuni autour de lui, d'abord deux seigneurs de ses amis, Messires Jean de Ruynat, et un autre Jean de Ruynat, fils à Luc, de Vaulnaveys [3], Me Eymé Vivier, son greffier de la judicature de Beaumont, deux procureurs de Grenoble, Me Humbert Bonnier et Me Jean-Bte Fradel, un propriétaire illettré de Savel, Jean Bonthoux et enfin M. Anthoine Revol, son couturier, à une heure assez tardive, pour que les clients de celui-ci ne craignent pas de pénétrer dans sa boutique.

Les mœurs licencieuses de la cour des Valois avaient, paraît-il, quelque peu déteint jusque sur cette famille de gentilshommes de province ; il y a eu quelque désordre dans l'existence de Jean de Combourcier, au temps de sa jeunesse et dans celle de plusieurs de ses parents. Après la phrase banale sur la certitude de la mort et l'incerti-

[1] Aujourd'hui place aux Herbes.

[2] Nous avons dit plus haut que la famille Empereur était une des plus anciennes de la paroisse de la Mure. C'était déjà un notaire de cette famille, Durand-Empereur qui, le 18 avril 1389, recevait des actes de reconnaissances de rentes en faveur de la chapelle de Saint-Jacques-du-Château :

« Ego vero Durandus Imperatoris, de Mura notarius publicus, im-
« periali auctoritate et Curiæ majoris Delphinatus Graisivaudani,
« juratus. »

La Mure et la Matésine, d'après les notes de M. A. Fayolle, p. 164.

[3] La famille de Ruynat était une famille noble de Vaulnaveys où l'on paraît avoir eu une prédilection marquée pour le prénom de Jean.

Jean de Ruynat mourut à la bataille de Verneuil en 1424.

Un autre Jean se trouva à celle d'Anthon en 1429.

Et un autre Jean combattit à Fornoue en 1495.

Voir *Dictionnaire historique* de Guy-Allard, édité par M. Gariel, tome IIe, page 522.

tude de son heure, et quelques brèves indications au sujet de ses funérailles, le noble seigneur commence par une disposition au profit d'un fils naturel, pour lequel il ne semble pas rêver de hautes destinées, et par quelques libéralités au profit d'enfants illégitimes de plusieurs de ses parents. Puis il s'occupe de ses serviteurs et termine par un legs universel au profit de Jacques de Combourcier, son fils, et diverses dispositions au profit de dame Anne de Morges, son épouse.

Au reste voici le texte de ce testament. S'il n'a pas l'importance de celui d'Humbert de Combourcier, il présente néanmoins quelque intérêt et il a le mérite d'être court[1].

« Sçachent tous présents et advenir que l'an mil cinq cent septante et le second jour du mois d'apvril, en présence de moy, notaire royal dalphinal soubsigné et des tesmoingts cy-après nommés, Estably en sa personne noble Jean de Combourcière, Seigneur de Beaumont, lequel, agréablement sain de corps, sens, mémoire et entendement, considérant qu'il n'y a rien de plus certain que la mort, ni chose plus incertaine que l'heure d'icelle et qu'en ce val terrien n'a aucune cité permanente et est meilleur à toute créature humaine décedder testat qu'intestat, sous espoir, plus longuement vivre et afin qu'en-

[1] Ce testament a déjà été imprimé dans le volume intitulé *La Mure et la Matésine*, d'après les notes de M. Fayolle.

L'expédition authentique d'après laquelle nous le reproduisons ici, de même que celle du testament de Jacques de Combourcier qui va suivre, font partie d'une liasse de papiers qui nous fut donnée par le regretté M. E. Chaper, lorsqu'il fit l'acquisition des papiers, médailles et monnaies et de la bibliothèque de M. Fayolle, pour laquelle nous lui avions servi d'intermédiaire.

core ses hoirs successeurs pour raison de ses biens n'aient aucun procès, à cette cause, a fait et ordonné son dernier testament et dernière volonté nuncupative comme s'en suit :

« Premièrement, ayant faict le signe de la croix, disant : *In nomine patris et filii espiritus*[1] *sancti, amen;* a recommandé son âme à Dieu le créateur, luy priant que par le mérite de la mort et passion de notre Sauveur et Rédempteur, il la veuille colloquer en son royaume celleste, ordonnant son corps être enterré suivant et à la forme des institutions de l'Église catollique, apostollique et romaine et que soient appelés les prebtres nécessaires suivant la qualité de son bien et aussi estre habillés des pauvres trente-six et donné leur aumosne à la manière accoutumée et suivant la puissance de son bien ;

« Item, le dit Seigneur Testateur donne et lègue par droit de légat et institution particulière, à Maximillien, son fils naturel, la somme de cinq cents escus, à raison de quatre florins pièce[2] payables par son héritier universel, sous-nommé et lorsque ledit Maximilien sera en aâge de vingt-cinq ans, et pour se mettre en chaptal, s'il se mect de quelque mestier, la somme de deux cents escus comptant et le reste aux payes de cinquante escus pour chascune année après la dite paye comptant et en une chascune fête de la Toussaint et continuant à telles et semblables payes, jusqu'à plein payement desdits trois cents escus restant a qualitté que lesdites payes ne se

[1] *Sic.* On se demande si c'est la faute du copiste ou si le notaire était assez peu lettré pour écrire ainsi du latin si connu.

[2] Voir sur la valeur des monnaies en Dauphiné un long article au *Dictionnaire* de Guy-Allard, édité par M. Gariel, 2e volume, page 254.

pourront accumuler, s'il ne coste de dues dilligences et le dejectant, pour ce, de tous et ung chascun ses biens présants et advenir quelconques ;

« Item, ledit Testateur donne et lègue par droit de légat et institution particulière, à Damoiselle Jeanne de Combourcier, fille naturelle de feu noble Laurans de Combourcier[1], la somme de deux cents escus et ses robbes nuptiales, suivant son estat payable ladite somme comptant, lorsqu'elle se viendra à marier et le jour de ses nopces et la dejectant pour ce, de tous et un chascun ses biens présents et advenir quelconques ;

« Item, ledit Testateur donne et lègue par droit de légat et institution particulière à Claude de Combourcier, fils naturel dudit feu noble Laurans de Combourcier, la somme de deux cents escus payables par son héritier universel soubsnommé, lorsqu'il se voudra mettre de mestier, cent escus comptant et les autres cent aux payes de vingt-cinq escus d'an en an, à chascune fête de Toussaint jusqu'à plein payement de ladite somme, sans accumulation de payes, suivant qu'il coste de diligences et, pour ce, le déjette de tous ses biens présents et advenir ;

« Item, ledit Testateur donne et lègue par droit de légat et institution particulière à Claude de Combourcier, fils naturel de feu noble Claude de Combourcier[2], la somme de deux cents escus payables tous comptant, lorsqu'il sera en aâge de vingt-cinq ans et le déjettant de tous ses biens.

Et aussi donne et lègue, par droit que dessus, à Me Aymé Vivier, l'esmollument du greffe de judicature de Beau-

[1] Frère du testateur. Voir la généalogie ci-dessus.
[2] Autre frère du testateur.

mont et à Me Galbert le greffe de la châtellenie, durant leur vie[1];

« Item, ledit Testateur donne et lègue par droit de légat et institution particulière à noble François de Combourcier, son frère, de pension annuelle sur son bien et pendant sa vie naturelle, la somme de cent livres tournois, payable tous les ans audit sieur de Combourcier, après le desceds dudit Sieur Testateur, à la requête dudit sieur légataire et sans accumulation de payes, s'il ne coste de dues dilligences par justice, et cas advenant que ledict sieur légataire demande quelque chose sur les biens dudict Sieur Testateur, par légitime, ou autrement, ne veut ni entend que ladite pension soit payée audit légataire;

« Item, donne et lègue, par droit de légat et institution particulière, à Jean Roman, son serviteur, pour les bons

[1] Il y a là une disposition au profit de l'un des témoins du testament. Ce serait aujourd'hui une cause de nullité.

Le château de Beaumont était déjà en ruines lorsque Guy-Allard écrivait son *Dictionnaire du Dauphiné :*

« Beaumont, dit-il, est un mandement du diocèse de Gap (il fait aujourd'hui partie de celui de Grenoble), en l'élection de Grenoble et du baillage de Graisivaudan, composé des paroisses de :

« Saint-Laurent où il y a un prieuré (il n'existe plus);

« Sainte-Luce;

« Saint-Pierre-de-Méaroz;

« Saint-Michel;

« Quet;

« La Salle.

« Le château était auprès du Drac, il n'en reste que des masures auprès desquelles et au-dessous il y a un pont sur ce torrent. » (Pont de la Bachasse, dont nous parlerons plus loin.)

Guy-Allard, 1er vol., p. 131.

Quelques pans de murs, aux puissantes assises, se dressent encore aujourd'hui au sommet du monticule où existait l'ancien Château des seigneurs de Beaumont, au-dessus de la plaine du Bas-Beaumont; au pied se trouve un petit hameau.

et agréables services reçus de luy, la somme de quarante florins, payables comptant après le déceds dudit Sieur Testateur ;

« Item, donne et lègue, par droit que dessus, à Claude Platel, fils de Claude, de Nantizon [1], son serviteur, pour bons et agréables services à luy faits, la somme de vingt escus payables comptant, après son dexeds, à la première requisition dudit légataire ;

« Et pour ce que le chef et fondement de tous testaments est la institution d'héritier universel, à cette cause, ledit Testateur a fait, créé et institué et ordonné et de sa propre bouche nommé et surnommé son héritier universel, à savoir : noble Jacques de Combourcier, son fils naturel et légitime, en tous et ung chascun ses biens, noms, droits, raisons, actions, présents et advenir quelconques, desquels n'a pas cy-dessus disposé et n'entend pas cy-après disposer par lequel son dit héritier universel veut et entend ledit Testateur tous et ung chascun ses debtes et légats être payés à la cognoissance de saincte mère l'Église et de ses parents et amis, instituant ledict testateur Damoiselle Anne de Morges [2], sa femme tutrice, gouvernante et administraresse de la personne et biens dudict noble Jacques de Combourcier, son fils et héritier universel, sans confection d'inventaire rediction de compte, ne prestation de reliqua, et cas advenant que le susdit noble Jacques de Combourcier, son fils, et héritier universel, vint à decedder en pupillarité, ou autrement, sans avoir enfants

[1] Ce village, précédemment nommé Antizon, prend ici le nom de Nantizon qu'on lui donne encore aujourd'hui.

[2] Nous donnerons ci-après, au sujet du testament de Jacques de Combourcier, quelques indications sur les alliances de la famille de Combourcier avec les illustres familles de Bérenger de Morges.

naturels et légitimes, audit cas substitue en ses dits biens, à savoir ladicte Damoiselle Anne de Morges, sa femme, pour la moitié et en l'autre moitié noble François de Viennois, seigneur d'Ambel, son neveu, voulant et entendant toutteffois que ladite Damoiselle Anne de Morges, sa femme, audit cas, jouisse entièrement des fruits et usufruits de ladite moitié de ses biens substituée audit sieur d'Ambel, son neveu, durant sa vie naturelle. Et cas advenant aussy que ledit sieur d'Ambel décedda sans enfants naturels et légitimes en vrai mariage, substitue en ladicte moitié à lui donnée, ladicte Damoiselle Anne de Morges, sa femme.

« Et cecy est son dernier testament et sa dernière volonté nuncupative, lequel ledit Testateur veut qu'il vaille par droit de testament et s'il ne vallait par tel droit, veut qu'il vaille par droit de codicille, donation à cause de mort, ou autrement, par tout acte de dernière vollonté valable, cassant, révoquant et annullant tous autres testamens, codicilles, donations à cause de mort et autres actes de dernière volonté si par cy-devant en avait faicts et veut que ce présent demeure son dernier testament, en ses force, valleur et efficace, priant et requérant ledit sieur Testateur les témoins cy-après nommés et de luy bien cognus et nommés que de son dict testament veuillent être records et mémoratifs et moy, notaire soubsigné, en faire acte et instrument public à la meilleure forme de droit que faire se doit.

« Faict et publié à Grenoble, dans la boutique de Me Anthoine Reval, size au Banc-de-Malconseil, en présence de Jean Ruynat, Jean Ruynat, fils à feu noble Lui de Vaulnaveys, Me Eymé Vivier et Humbert Bonnier, procureur à Grenoble, Jean-Batiste Fradel, procureur audit Grenoble, Jean Bouthoux, de Savel, et Me Anthoine Revol, couturier dudit Grenoble, témoins, ledit Bonthoux, non signé, pour ne savoir escripre et les autres sous-signés à mon original, avec ledit sieur. Ainsi : J. Combourcier, J. de Ruynat, J. de Ruynat, Vivier, Bonnier, Fradel, Revol et moy, notaire delphinal soubsigné.

« Expédié audit sieur de Beaumont, héritier universel, due collation faite à son original. Empereur.

La guerre civile et religieuse désolait alors le Dauphiné.

« Jean de Combourcier resté fidèle au parti catholique en était un des capitaines. »

Lesdiguières, dont la réputation comme guerrier et comme chef de parti commençait à grandir, occupait, avec Champoléon, son beau-frère, la petite, mais forte ville de Corps[1] et faisait, de là, des courses dans la vallée de Graisivaudan et jusque sous les murs de Grenoble, où l'on commençait à trembler.

Pendant l'une de ces courses, Jean de Combourcier qui, de son château de Beaumont, tout près de là, les observait, réussit à s'emparer de Corps, mais il n'en resta pas bien longtemps en possession. Dans un coup de main habilement préparé, Lesdiguières reprit cette place forte et le Seigneur de Beaumont périt dans le combat. V. Chorier, *Histoire du Dauphiné*, 2e vol., p. 630, et Vitel, *Histoire de Lesdiguières*, p. 18.

Ce fut donc au commencement de l'année 1572 que

[1] Chef-lieu de canton du département de l'Isère fort connu depuis l'apparition de la Salette dans son voisinage. Au temps dont nous nous occupons ici, il faisait partie du diocèse de Gap.

Jean de Combourcier laissa pour héritier Jacques, son fils, l'unique enfant né de son mariage avec Anne de Morges.

Anne de Morges était la fille de Jean V de Bérenger, Seigneur de Morges, et d'Olive Ode de Bonniot. Notre vieil historien Chorier a commis une erreur en disant, à la fin de l'énumération des dix enfants de Jean V et d'Olive Ode de Bonniot, en son histoire de la Maison de Sassenage, imprimée à la suite de son 2e volume de l'*Histoire du Dauphiné,* page 83, qu'Anne de Morges — et sa sœur Martine — ne furent point mariées.

Il y avait eu déjà une alliance entre la famille de Combourcier et l'illustre famille de Bérenger, dont les seigneurs de Morges ont formé une branche : Marguerite de Combourcier, fille d'Humbert, qui testait en 1535, avait épousé Gabriel de Bérenger, Seigneur de Pipet.

Leur fille Magdeleine fut l'épouse d'André de Bérenger et ils eurent de leur mariage cinq filles et cinq fils, parmi lesquels Louis de Bérenger, plus connu sous le nom de le Gua, qui fut mestre de camp du régiment des Gardes et favori du roi Henri III. Brantôme, cité par Chorier[1], dit de lui « qu'il n'avait guère de pareils en toutes sortes de vertus, de valeur et perfection, ayant les armes et les lettres si communes ensemble avec lui, que toutes deux à l'envy le rendaient admirable. Au reste, c'était le plus magnifique, le plus libéral qu'on eut sçu voir. La faveur qu'il avait du Roy lui était bien deue, car c'était par ses vertus et n'en abusait point et était compagnon avec les compagnons ».

A la suite de cet éloge, Chorier dit d'André de Béren-

[1] *Histoire de la Maison de Sassenage,* p. 85.

ger, son père, que c'était pour lui une rare fortune d'avoir eu pour fils le favori d'un Roi et pour gendre un Connétable de France.

Claude de Bérenger, fille d'André, fut la première femme de Lesdiguières.

Nous allons voir, au chapitre suivant, Isabeau de Bérenger mariée à Jacques de Combourcier.

La Seigneurie de Morges comprenait les paroisses de Saint-Jean-d'Hérans, de Saint-Sébastien, de Cordéac et de Pellafol, s'étendant ainsi des bords du Drac à l'Obiou, depuis les sources de la Souloise, en face de Corps, jusqu'en face du Beaumont et de la partie méridionale du mandement de la Mure.

A l'époque des guerres de religion du XVIe siècle, le Château des Seigneurs de Morges était devenu une forteresse imprenable, au sommet d'une petite montagne qui en porte encore les ruines aujourd'hui et s'appelle maintenant Château-Vieux, près de la route de Mens à Corps, et de la jolie montagne de Châtel, également connue sous le nom de Bonnet-de-Calvin, l'un des contreforts du puissant massif de l'Obiou.

Ce fut là, qu'en 1586, Lesdiguières établit son quartier principal, lorsqu'il essaya de secourir et de ravitailler la Mure, assiégée par Mayenne. Il pouvait de là dominer et observer tous les pays d'alentour, depuis Corps et l'entrée du Champsaur, le Beaumont et Valbonnais, jusqu'aux abords de la Mure. Pour avoir à la fois deux moyens d'approcher de la ville assiégée, l'un par le Pont-de-Cognet, l'autre par le Pont-de-Ponthaut [1], il fut établi

[1] Il n'y avait alors sur la Bonne que le vieux pont romain qui existe encore aujourd'hui, au-dessous du pont actuel, construit au siècle dernier.

sur le Drac, entre Morges et le Beaumont, au-dessous des villages des Méarots et de la Grange, un moyen de locomotion assez rudimentaire et peu usité, dont le souvenir est resté dans cette région sous le nom de Pont-de-la-Bachasse. « C'est, dit Videl, qui en donne la description dans son *Histoire de Lesdiguières*[1], une caisse d'osier, capable d'un homme, ou de deux, couchés de leur long, et suspendue à un câble à la hauteur de deux piques, coulant d'une rive à l'autre par le moyen de ceux qui sont dedans, qui le font aller comme il leur plaît. »

CHAPITRE V.

Testament de Jacques de Combourcier (2 août 1589).

Jean III de Combourcier, dont nous venons de reproduire le testament, était l'un des douze enfants de Jean, second du nom. Il n'eut pas, comme son père, la joie de voir à sa table de nombreux enfants rangés autour de lui, comme autour du vieux tronc de l'olivier se pressent et grandissent les jeunes rejetons.

De son mariage avec Anne de Morges, il n'avait eu qu'un seul enfant, Jacques de Combourcier, qu'il institua son héritier dans le testament du 2 avril 1570.

Élevé par Anne de Morges, sa mère, et ayant avec la famille de Morges et le duc de Lesdiguières, son allié,

[1] Page 43.

de fréquentes et intimes relations, ce jeune héritier des de Combourcier fut rapidement gagné au parti protestant, dès qu'il fut en âge de se mêler aux passions politiques et religieuses qui causèrent tant de troubles et tant de maux en France et particulièrement en Dauphiné pendant le seizième siècle.

Depuis la mort tragique de son père, le temps, que rien n'arrête, a rapidement marché. Nous sommes aux premiers jours d'août 1589. L'enfant est devenu un homme et un homme de guerre, courageux et hardi comme ceux de sa race. Il est déjà l'un des capitaines du parti protestant, suivant la fortune, partageant les périls, s'inspirant des pensées du chef illustre et déjà redouté de ce parti, François de Bonne, duc de Lesdiguières, alors lieutenant en Dauphiné du roi de Navarre, qui va bientôt devenir le populaire Henri IV.

Les liens de Jacques de Combourcier avec la famille de Morges se sont resserrés par son mariage avec la jeune veuve de Gabriel de Forez, Seigneur de la Jonchère, Isabeau de Bérenger, sa cousine, fille de Giraud de Morges et de Georgette de Bérenger, fille d'André, Seigneur du Guâ.

Un fils est né de leur mariage, ils sont heureux, mais la guerre va troubler leur bonheur.

On est à l'une des dates mémorables de l'histoire de France. Henri III vient de mourir sous le poignard de Jacques Clément, après avoir déclaré pour son héritier Henri, roi de Navarre. Celui-ci va conquérir, puis pacifier son royaume, à travers mille difficultés et après de brillantes victoires. Lesdiguières va l'y aider et le servir avec ce dévouement et cette habileté dont il a déjà donné des preuves.

Sur ses ordres, Jacques de Combourcier se prépare à partir en guerre ; mais avant d'en affronter les périls et les hasards, il veut assurer à cette épouse qu'il aime une situation honorable, s'il venait à lui manquer. Il veut instituer pour héritier universel l'enfant qui doit continuer sa race.

Cependant il craint de les alarmer. Les ayant laissés à la campagne, en ce temps des chaleurs de l'été, à Morges, ou dans sa gentilhommière de Mayres, il arrive à la Mure, suivi de quelques amis et de Me Favier, notaire aux Meyers, dans sa terre du Beaumont, auquel il veut dicter ses dernières dispositions.

C'est le 3 août 1589, l'assassinat du roi n'est pas encore connu en Dauphiné, que nous trouvons le Seigneur de Beaumont, ses amis et témoins réunis en l'étude d'un autre notaire à la Mure, Me Empereur.

Il y a là, comme témoins, messire Hélie de Beaufort, d'Auris et le capitaine Bonfils, amis du testateur, deux notaires de la Mure, Mes Jean Empereur et Michel Duport, un *Pasteur de la parole de Jésus,* à la Mure, Lantelme Jourdan, le potier Antoine Revol et le Recteur d'escole, Henri Espagne, de Pertuis en Provence.

Parmi ces physionomies aussi curieuses que variées, deux surtout attirent notre attention, la noble et sympathique figure de messire Jacques de Combourcier, d'abord, puis la figure madrée et quelque peu hypocrite du notaire huguenot des Meyers.

Pendant que le Seigneur Testateur se recueille un moment, le tabellion des Meyers taille sa plume et commence le testament par un sermon sur la fragilité des choses humaines, dans le langage puritain de ce temps-là, au risque de surprendre et de contrister un peu le

Pasteur de la parole qui y verra une usurpation de ses fonctions. Puis, dans un style notarial, en arrière d'un demi-siècle et dont les tournures latines semblent protester contre l'ordonnance de François Ier, Me Favier écrit les dispositions du Seigneur de Beaumont, à mesure qu'il en fait la dictée.

Ce serait une faute que d'enlever, par des corrections, à ce testament intéressant et entièrement inédit, sa saveur originale et son goût de terroir. Nous le reproduisons donc ici textuellement.

Testament de Jacques de Combourcier (3 août 1589).

« Au nom de Dieu soyt faict, par Jésus-Christ, Nostre Seigneur, amen.

« Comme ainsy soit qu'humaine fragillité souventes fois troublée par cogitation de mort puisse estre cause de moindre providence[1] aux choses et biens terrestres, pourquoy pour salutaire remède à un chascun est de disposer et ordonner de ce que Dieu luy a donné en ce monde, cependant que le jugement et raison sont en leur force et vigueur. Cause de quoy les escripts publics ont été inventés affin que de iceux la mémoyre des choses passées soit tenue à l'advenir, sachant bien qu'en ce monde n'avons lieu ni cité permanents, ains journellement cherchons la future (suivent quelques mots illisibles

[1] Prévoyance.

évidemment altérés par l'expéditionnaire), et que cette vie semble à la feuille seiche sur l'arbre exposée au vent et qui sans difficulté tombe au bas et ne pousse qu'au temps de pluye, mais pour périr bientôt.

« A ceste cause, et le troisiesme jour du mois d'aoûst mil cinq cent huitante-neuf apprès midy, par devant les témoins sous escripts et moy, notaire royal dalphinal, soubsigné, s'est en sa personne estably puissant Seigneur Jacques de Combourcier, Seigneur de Beaumont et de Saint-Euséby, lequel étant sain de son corps, sens, pensée et entendement, et bien pourvu de bonne memoyre, de quoy rend graces à Dieu, tout ce que dessus considéré, et que nous n'avons rien plus certain que la mort, ne rien plus incertain que l'heure d'icelle ; considérant aussy qu'il vaut mieux faire testament soubs espoir de mort briefve, que non décéder sans le faire, sous espoir de vie longue, prévoyant aux questions, débats et difficultés qu'entre ses enfants, parents et amis pourraient subsister, pour y obvier a faict, condict et ordonné son dernier testament nuncupatif et vollonté dernière nuncupative, de la forme que cy-après s'en suit :

« Et premièrement, disant : Mon ayde, soit au nom de Dieu, qui a faict le ciel et la terre, amen ; a recommandé son âme comme plus excellente que son corps à Dieu le Père tout puissant, le priant au nom de son Fils, Notre Seigneur Jésus-Christ, qu'il prend pour son seul avocat et intercesseur, luy vouloir pardonner toutes ses fautes et peschés qu'il a commis et commettra contre sa divine Majesté et quand icelle, son âme, sera séparée de son dit corps, luy plaise la voulloir recepvoir en son royaume de paradis, au nombre de ses fidelles eslus, et à son corps a eslu la sépulture au cimetière et lieu plus proche et commode[1] du lieu où il deceddera où veut et entend estre ensevelly, sellon la manière de l'Église refformée de Jésus-Christ, à la dévotion toutefois de son héritier universel et de ses tuteurs, lequel héritier universel sera tenu faire une aulmosne générale à tous les pauvres de Jésus-Christ qui se présenteront, et iceux reffectionner honnestement selon sa qualité. Item, pour ce faire, il Seigneur Testateur a donné et donne par droit de légat et pour aulmosne à dix plus pauvres filles natives et habitantes dans sa terre et mandement de Beaulmont, la somme de soixante escus esgallement entre icelles, distribuables et payables ; plus la somme de cinquante escus pour être distribués à[2] des plus pauvres manants et enfants dudict mandement de Beaulmont, esgallement entr'eux, selon le roolle qu'il en sera faict par ses officiers et nottables dudit Beaulmont, après son dexeds, qu'il veut lesdites sommes estre payées par son dict héritier universel sousnommé, au moyen de quoi veut iceux dits pauvres estre comptants, les escluant de ses aultres biens, de sorte qu'autre chose ne y puissent demander.

« Item, plus a faict et institué son héritier particulier et légataire, Géranton Darier, de Prunières, son serviteur en toutes et chascunes les sommes de deniers, grains et autres choses desquelles il Darier luy peut être tenu et redevable tant par obligation, confessions verbales et

[1] En prenant ces dispositions pour sa sépulture, le noble Seigneur de Beaumont n'éprouvait-il pas quelque douleur à la pensée de ne pouvoir prendre son dernier repos à côté de ses pères, en cette chapelle de Notre-Dame-de-Pitié, fondée en l'église de la Mure par son aïeul Humbert et dont lui, le demeurant de sa branche, restait propriétaire et chargé d'y faire célébrer les prières et messes ordonnées par son noble prédécesseur ?

[2] Le nombre a été laissé en blanc par l'expéditionnaire.

arrestés de compte du passé, fin au présent jour, de quoy il Seigneur Testateur, par son présent, l'a deschargé et veut icelluy estre tenu quitte du tout, et outre ce, donne à icelluy Darier, la somme de dix escus payables à icelluy Darier, dans l'an après le dexedds dudit Seigneur Testateur, et ce, en remémoration des services qu'il Darier luy a faicts et prétend qu'il continuera semblablement.

« A donné et légué à Jacques Mollière, son serviteur, des Chambons, la somme de vingt escus ; plus à Barthélemy Fourt, dit Bidet, son laquais, la somme de quinze escus ; plus à David Cheval, son aultre laquais, la somme de six escus, au chascun pour récompense des services qu'il Seigneur Testateur a reçu d'iceux, lesquelles sommes, comme au chascun concerne, ledit Sieur Testateur veut et ordonne estre payées à leur première réquisition, passé le deceds d'iceluy Sieur Testateur, au moyen de quoy il Sieur Testateur a exclus, mancipé et déjetté lesdits Darier, Mollière, Fourt et Cheval, ses laquais, de tous ses avoir et biens présents et advenir, à qualité que jamais autre chose ne y puissent demander.

« Item, ledit Seigneur Testateur a donné et légué par droit de légat et institution héréditaire et particulière, à noble[1] de Bardonenche, son cousin, la somme de cent escus d'or sol, pour tous droits, noms, actions et requisitions quelconques qu'il pourrait avoir sur les biens dudit Sieur Testateur y comprenant un légat et toutes autres choses audit de Bardonenche données et léguées par feu noble François de Combourcier, Sieur de la Baulme, tant en son dernier testament que autre instrument de quelque sorte que ce soit ; laquelle somme de cent escus

[1] Le prénom n'est pas indiqué.

ledit Sieur Testateur veut et ordonne estre payée audit de Bardonenche par son héritier universel sous-nommé en deux égalles payes à deux festes de Toussaint prochaines et consécutifves après le dexeds d'icelluy dit Sieur Testateur lequel, moyennant ce, a exclu, mancipé et déjetté ledit de Bardonenche de tous et chacun ses biens, droits, noms et actions que sur iceux pourrait avoir à demander de quelque sorte que ce soit.

« Davantage ledit Sieur Testateur estant en chemin pour aller à la guerre, cas advenant qu'il mourut et demeura en ce voyage, si douteux et adventat, en ce cas et non autrement, il a donné et donne par droit de légat et institution héréditaire et particulière à nobles Daniel et Louis de Viviers, Seigneurs de Villelongue et du Chambon en Vivarais, au chascun d'eux, un de ses grands chevaux, et harnois de cuyrasse complet, tel qu'il Seigneur Testateur ha de présent, et qu'il veut leur être deslivrés incontinant après son déceds, les excluant, moyennant ce de tous ses autres biens présents et advenir, à qualité que jamais autre chose ne y puissent demander; plus à mesme condition donne et lègue à Abel Giroud, son sécrétaire, la somme de cinquante escus y comprenant ce qu'il compte devoir audit sieur par promesse de main privée, à luy payable incontinant salve retour dudict voyage, l'excluant moyennant ce de tous ses autres biens, desclarant ledit Sieur Testateur avoir payé audit Giraud ses salaires jusques au mois de may comme plus à plein est estably au Livre de raison du Sieur Testateur.

« Davantage ledit Seigneur Testateur recognaissant les bons et agréables services et plaisirs qu'il a reçus et journellement reçoit de Damoiselle Ysabeau de Béranger, sa bien aymée femme, ne voulant qu'en après de luy elle demeure impourvue d'advenir et aliments viduels, desirant icelle récompenser, à ceste cause il Sieur Testateur a voullu et par ce présent veut et ordonne que icelle Damoiselle de Béranger soit et demeure Dame, Maitresse, Mère, Tutrice et légitime administraresse des personnes et biens de tous enfants et usufruicts d'iceux, à sa vie viduelle durant, sans être tenue de rendre compte, ne prester aucun relicqua de son administration, jaçoyt que la disposition au droit soit en ce contraire, à qualité que si elle demeure en viduité et se trouve contrainte à rendre compte de sadite administration, et que par icelluy se trouve redebvable et reliquatrice de quelque somme de deniers, audit cas ledit Seigneur Testateur a donné et donne à icelle Damoiselle sa femme, par droit de légat et institution héréditaire particulière, toute la somme, ou sommes que icelle se pourrait trouver redebvable par son compte et administration duquel reliqua elle pourra faire à son bon plaisir et vollonté, et en disposer à la vye et à mort comme bon luy semblera, aux enfants toutesfois qui seront nés et à naître dudit Sieur Testateur, non à aultre part. Et sy icelle se remarie ledit Sieur Testateur veut et entend qu'elle rende compte et preste le reliqua de son administration à l'héritier universel soubsnommé, ou à ceux qui l'auront en charge et cas advenant que icelle ne puisse demeurer à vivre paisiblement avec ses enfants et hoirs dudit Testateur, audit cas, ledit Sieur Testateur veut et ordonne estre fourny à ladite Damoiselle une de ses maisons habitable, garnie d'ustensiles sellon sa qualité, à ditte de tous principaux parents et amis, sans aucune figure de procès ny contestation quelconque et pour ses vivres, aliments et entretènement viduels, il Seigneur

Testateur a donné et donne pour pension annuelle à icelle Damoiselle sa femme, la somme de deux cents escus d'or sol, laquelle somme l'héritier universel soubsnommé sera tenu et contrainct luy payer pour chacune année sa vie viduelle durant, environ chascune feste de Toussaint et cas susdit arrivant non autrement.

« Item, sy ladite Damoiselle sa femme venait à se remarier, ledit Sieur Testateur pour luy ayder à trouver plus honnête party, a donné et donne à icelle Damoiselle sa femme, par semblable droit de légat et institution héréditaire particulière, la somme de cent escus de rente pour chascune année en la vie d'Icelle Damoiselle durant, payable chacune année par l'héritier universel soubsnommé et escript environ chascune fête de Toussaint, à commencer la première paye desdits cents escus, un an après la célébration de son mariage, puis continuant les payes desdits cent escus à mesme jour et feste de Toussaint sadite vie durant tant seulement et desquels elle pourra faire et disposer à son bon plaisir et vollonté, à la vie et mort sans en pouvoir estre aucunement recherchée[1]

[1] Pour qui sait lire entre les lignes et ne pas trop s'étonner du style archaïque du notaire Favier, n'y a-t-il pas dans les dispositions de Jacques de Combourcier au profit d'Isabeau de Bérenger, sa femme, le sujet d'une agréable étude du cœur humain ?

Noblesse oblige, courage aussi. Sans hésiter, le noble Seigneur se prépare à partir pour la guerre qui va le séparer d'une épouse, belle assurément, qu'il aime d'amour tendre, et de l'unique enfant né jusque-là de leur mariage. Prévoyant peut-être une mort prématurée, il conserve néanmoins l'espoir de plus longuement vivre, mais il veut assurer la situation de cette épouse et de ce fils qu'il affectionne. Quelque grand que soit son amour pour Isabeau de Bérenger, il s'y mêle néanmoins un peu de cet égoïsme qui ternit trop souvent les affections humaines.

Il fait d'abord au profit de la noble Dame de larges dispositions, mais il y met pour condition qu'elle restera veuve.

Puis enfin son cœur s'élève, son amour s'épure, et il fait en sa

ni les siens et le jour qu'elle sera décédée, ledit héritier universel sousnommé ne pourra, ny les siens, estre contrainct à continuer le payement desdits cent escus, lequel dès lors est finy. Au moyen desquelles choses ledit Sieur Testateur prie la Damoiselle sa femme, se voulloir contenter et ses autres biens desquels moyennant ce que dessus, il Seigneur Testateur l'a esclue, mancipé et desjettée à qualité que jamais elle n'y puisse aucune autre chose demander.

« Et cause estant après, ladite Damoiselle Ysabeau de Beranger, enceinte de posthume, ou posthumes, et qu'il ou icelles pourraient devoir naistre d'icelle plusieurs, et que par la naissance de tels posthume, ou posthumes, un ou plusieurs, le présent testament soict invalidé, le Seigneur Testateur a faict et institué son héritier, ou ses héritiers particuliers et légataires le chascun desdits posthume, ou posthumes, soit masles ou femelles, en la somme de huit mille livres tournois, revenant à deux mil six cent soixante-six escus quarante sols, au chascun des posthumes, payables lorsqu'ils seront provenus : les masles en l'aâge de dix-huit ans, ou aussi lorsqu'ils se sauront régir et conduire, a moyen et mesme condition qu'il sera advisé par leurs parents et amis et aux payes qui par eux seront ordonnées, ayant esgard à la qualité dudict héritier et faculté des biens dudit Testateur, selon

faveur une dernière disposition pour l'aider à trouver plus honnête parti si elle veut se remarier.

Peu de maris seraient capables de pareil effort sur eux-mêmes et d'une affection poussée jusque-là.

Il faut croire que les témoins de ce testament surent en garder le secret qui leur fut demandé et imposé. Mais ceux d'entre eux qui étaient mariés durent éprouver de bien vives tentations d'en causer avec leurs femmes.

les règlements qui seront faicts par lesdits sieurs parents et amis sera tenu il héritier universel nourrir et entretenir avec luy et aux escholes lesdits posthumes masles; et concernant les posthumes femelles si avient et y en a, sera tenu il héritier icelles nourrir et entretenir sellon leur qualité, jusqu'à ce qu'elles soyent colloquées en légitime mariage, lequel trouvant par l'advis de leurs bons Seigneurs parents et amis, sera tenu ledit héritier universel payer à chascune d'icelles ladite somme de deux mil six cent soixante-six escus quarante sols, aux payes et conditions telles que par eux seront accordées. Et sy icelles posthumes femelles se desbordoyent ou bien se voulloient colloquer en mariage sans l'advis de leurs parents et amis, ledit Sieur Testateur, audit cas, ne leur donne pas droit de légat et institution héréditaire, que la somme de mil escus, moyennant laquelle il esclue, déjette et mancipe la chascune desdites posthumes qui ainsy se débordera et mariera, de tous ses biens présents et advenir, de quelque sorte que ce soit, et cas audit que par l'advis de leurs dits parents et amis se conduiront, institue la chacune d'elles en ladite somme de huit mille livres.

« Item, cas advenant que de ladite Damoiselle ne naissent qu'une posthume, ou posthume masle ou femelle, audit cas, ledit Sieur Testateur donne et lègue par droit de légat et institution héréditaire particulière et légataire, la somme de quatre mil escus d'or sol, payables comme dit est et aux conditions prénarrées à ladite posthume seule et non autrement. Au moyen desquelles choses et qualités susescriptes, ledit Sieur Testateur veut et ordonne toutes et chascune lesdites posthume, ou posthumes, estre contentes de sesdits biens, desquels ensemble de tous autres droits de légitime, supplément, quarts de droit de nature et autres que sur iceux elles pourraient avoir demander et prétendre, il les exclue, mancipe et déjette, à qualité que aultres choses jamais ne puissent répéter. Et cas advenant que l'un, ou deux, ou touttes lesdites posthumes vinssent à decedder de ce monde, sans avoir enfants de légitime mariage procréés, à icelluy cas, ledit Seigneur Testateur veut et ordonne que le légat des tels ainsy decédants, appartienne par droit de substitution à l'héritier universel sousnommé.

« Et pour ce que le chef et fondement de tout testament quelconque est constitution d'héritier universel, sans laquelle tout testament serait nul, pour ce il Seigneur Testateur, en tous et chascun des aultres biens, meubles, immeubles présents et advenir, droits, noms, actions, prétentions, emoluments et requisitions quelconques, où qu'ils soient situés et posés, jouxte leurs confins, il a faict et ordonné et de sa propre bouche nommé son héritier universel Noble Alexandre de Combourcier, son fils naturel et légitime, par lequel ledit Seigneur Testateur veut et ordonne tous et chascune ses debtes, légats, clameurs, funérailles à forfait estre payés et satisfaicts, nommant aussy pour les exécuteurs de cette sienne dernière vollonté puissants Seigneurs Messire François de Bonne, Seigneur des Diguières et austres lieux, gouverneur et lieutenant général pour le Roy de Navarre, en Dauphiné, et Gabriel de Morges, Seigneur de la Motte, chevalier de l'ordre du Roy, lesquels il Seigneur Testateur prie et requiert vouloir accepter ladite charge, ensemble prendre en main la tuition et deffance des personnes et biens de ses enfants, leur donnant tout pouvoir et puissance en tel cas requis.

« Et si ledit noble Alexandre de Combourcier, héritier universel susnommé, ayant accepté ledit héritage, ou bien sans l'avoir accepté ni recognu, en pupillarité, ou autrement, il décède sans avoir enfants masles de légitime mariage, nés, audit cas ledit Seigneur Testateur veut et ordonne que ses biens appartiennent, par droit de substitution, au premier né desdits posthumes, et puis de l'une à l'autre déceddant en ladite qualité sans enfants masles et si iceux deceddaient sans enfants masles et qu'il Alexandre aye des filles ou bien decedde sans en avoir nulles, ledit Seigneur Testateur substitue sesdits biens aux susdits posthumes masles, ou à leurs filles et s'il n'y a nulles posthumes males ou bien si icelles déceddent de semblable qualité que la postérité dudit Alexandre sans enfants de légitime mariage provenus, ledit Sieur Testateur substitue ses biens auxdits posthumes femelles, tousjours à la plus vieille jusqu'à la dernière à qualité par ledit Seigneur Testateur réservé que le premier enfant masle qui naistra desdites filles, à qui ladite substitution écherra sera tenu, avant pouvoir jouir d'icelle, prendre et porter le surnom et armoyries dudit Seigneur Testateur; aultrement est ladite substitution nulle et par ledit Seigneur Testateur déclarée avoir lieu en la personne de noble Paoul de Combourcier, Sieur de Rattier finalement, si toutes lesdites posthumes déceddaient sans enfants de légitime mariage, ayant accepté ledit héritage, ou substitution, ou bien sans l'avoir recognu et accepté décédant en pupillarité, ou aultrement, audit cas ledit Seigneur Testateur substitue en ses affaires et biens, à sçavoir : la moitié audit Seigneur Gabriel de Morges, Seigneur de la Motte, pour la livrer à tel de ses enfants masles qu'il choisira, prenant touteffois le surnom et armoyries d'icelluy Sieur Testateur; un quart audit Seigneur de Rattier et l'autre quart à ladite Damoiselle Izabeau de Béranger, sa aymée femme.

« Cecy est son dernier testament nuncupatif et vollonté dernière nuncupatifve, par la teneur desquels il casse, révoque et annulle tous autres testaments, codicilles et donations à cause de mort que cy-devant peut avoir faicts, condict et ordonné; veut et ordonne que le présent soict à perpétuité ferme et vallide par droict de dernier testament et si par icelluy droict ne peut valloir, que soit vallide par droict de codicille et si par codicille ne peut valloir, qu'il soit vallable par droict de donation à cause de mort, ou par quelque autre droict de dernière vollonté que mieux pourra valloir, priant les témoins cy-dessous escripts voulloir estre mémoratifs des choses par luy cy-dessus dictées, pour en porter témoignage de veritté et tenir le tout secret, ne le réveller à personne quelconque sans la permission dudit Seigneur Testateur ou bien jusqu'après son dexeds, ou qu'ils soient, témoings par luy Sieur Testateur nommés, surnommés et priés, ont promis et juré moyennant le serment presté entre mains de moy, notaire, levant la main[1], requérant par mesme moyen moy dict notaire, luy en faire acte et instrument public, pour servir à ce que de raison, expédiér à quy de droict, et le tenir secret jusqu'en après sondict dexeds, à quoy ay offert et ainsy que dessus estescript.

« Ainsy faict et rescité à la ville de la Mure, dans la maison de Me Jean Empereur, ès présence de honnestes personnes, ledit Me Empereur, Me Lantelme Jourdan,

[1] C'est ici la première fois que nous voyons faire usage d'un pareil moyen d'assurer le secret d'un testament. Nous aimerions savoir si on en a vu d'autres exemples.

ministre de la parolle de Jesus, audict lieu de la Mure, Nobles Helye de Beaufort d'Auris, Me Michel Duport, notaire, Anthoyne Revol, potier, François Bonfils, capitaine, et Me Henry Espagne, de Pertuys, en Provence, recteur d'escholles audit la Mure, tous tesmoins à ce requis et appelés, soubssignés avec ledict Seigneur Testateur par luy nommés, susnommés, cognus et priés, comme dict est. Ainsy signés en mon original : Beaumont, Empereur, notaire, Jourdan, pasteur, Duport, notaire, F. Bonfils, E. de Beauffort, Espagne p. m., Anthoyne Revol et moy Guigues Favier, notaire royal dalphinal, habitant aux Meyers, mandement de Beaumont, qui le susdit testament ay levé et gronoyé de son propre original à requeste de la prénommée Damoiselle Izabeau de Béranger, en qualité de mère et tutrice dudict noble Alexandre de Combourcier, Seigneur de Beaulmont, héritier susdict, avec due collation. En foy de quoy me suis signé. Favier, notaire. »

Au bas de ce testament est la mention suivante :

« Extrait vidimé sur l'expédition originale du susdit testament, par nous, procureur des parties soussignées, pour servir en l'instance intentée pardevant Monsieur le Vibailly de Graisivaudan par noble Scipion de Combourcier, Seigneur de Beaumont, agissant de l'autorité de Me Marc Piffard, son curateur en l'acte, demandeur en requeste d'ouverture de fideicommis et vuidange de fonds, contre Dame Claude-Marie de Combourcier, femme du Seigneur marquis de Saillans, deffendeur; auquel présent extrait consentons foy estre adjoutée comme au susdict extraict, sans icelluy reexhiber, s'il y estait iceluy exibé et à l'instant retiré par noble Salomon de Combourcier, Seigneur de Beaumont, fils dudict Sieur demandeur, s'y aussi soubsigné, ce dernier mars seize cent cinquante-trois. Beaumont, Charvet, Piffard. »

Ce n'étaient pas des protecteurs purement honorifiques que Jacques de Combourcier, Seigneur de Beaumont, laissait à sa femme et à ses enfants, quand il choisissait pour exécuteurs testamentaires le Seigneur Gabriel de Morges et le haut et puissant Duc de Lesdiguières; il les remettait ainsi entre les mains de parents affectionnés en état de les diriger et garder d'assez près.

Avant la construction de son magnifique château de Vizille, qui, commencé en 1611, ne fut achevé qu'en 1622, Lesdiguières passait et s'arrêtait souvent à la Mure, en allant des Diguières à Grenoble, et en revenant de cette ville aux Diguières.

Nous en trouvons la preuve dans l'extrait du *Journal des guerres de Monsieur des Diguières,* escrit par M. le président Calignon, de 1586 à 1597, qu'a donné, sous une forme abrégée, M. Adolphe Rochas, dans sa *Biographie du Dauphiné*[1].

On peut y compter vingt-quatre passages ou séjours de Lesdiguières à la Mure, sans compter ses opérations dans les environs et entre autres, à la date du 17 août 1588, la relation de la revue de « sa compagnie de cent maîtres armés, avec la casaque en velours bleu », et le récit en quelques mots du siège du château du Seigneur du

[1] Il serait fort à désirer que ce journal des guerres de Monsieur des Diguières fût publié *in extenso* par les soins de quelque érudit dauphinois. Il complète et rectifie quelquefois l'*Histoire du Connétable,* par Videl, et donne souvent des dates exactes qu'on ne trouve pas dans cette histoire. Voir la *Biographie du Dauphiné,* par M. Ad. Rochas, au mot Lesdiguières.

Monestier, que nous reproduisons ci-après, à la suite du testament de ce dernier.

Lesdiguières possédait à la Mure une maison et un château dont voici la désignation, d'après *Le Parcellaire* des fonds nobles de 1639, qui se trouve aux archives de la Mure[1].

« Monsieur le Duc de Lesdiguières. Château à la Mure, grange, écurie et plaçage, tout joint ensemble la rue de Panétril[2] du levant, une ruette de bise, jardin, grange et écurie de sieur Alexandre Eustache, en partie au couchant et bise, un canal entre deux, écurie de Jean Béthoux, un canal aussi entre deux de bise, le plaçage commun aussi en partie au couchant, écurie et jardin de noble Pierre Duport, sieur de Pontcharra, jardin du Seigneur conseiller de Saint-Marcel et du Seigneur conseiller de La Chaux-Eymery, du vent, contenant 924 toises, qui font une sétérée 1/4, 1/8 et 1/6 de civerée, estimé 12 livres. »

« Maison à la Mure, rue de la Murette, confine la rue de bise, le four banal de la communauté de la Mure ; au levant, maison d'Alexandre Eustache ; au couchant, chambre dudit Eustache dessus le poële de ladite maison, sieur Pierre Benoît ; au vent, avec ledit Eustache, grenier à foin dudit Benoît au-dessus de la voûte qui sert de pri-

[1] Ce parcellaire a été dressé treize ans après la mort du Connétable. Charles de Créqui, comte de Sault, son gendre, mari de sa fille Magdeléine, unique enfant resté de son mariage avec Claudine de Bérenger, fut substitué au nom et aux armes de Lesdiguières.

[2] La rue du Panétril n'existe plus à la Mure. C'est probablement dans cette rue que se trouvait le magasin de distribution du pain aux troupes de passage, ou paneterie.

son, contenant 28 toises 3/4, qui est demi civerée, estimée une livre dix sols [1]. »

L'emplacement de cette maison, avec ses enchevêtrements dans les maisons voisines, se reconnaît facilement au-dessus de l'ancien four banal.

Mais on s'étonne de ne plus retrouver de traces du Château de Lesdiguières. Ce point de la Mure a été profondément divisé et remanié. Peut-être pourrait-on voir un reste de ce Manoir dans la tour qui existe encore dans la maison de la famille Dauris dont la dernière fille était femme de M. Million, chapelier à la Mure, vers la première moitié de ce siècle.

Le souvenir de Lesdiguières s'est concentré à la Mure sur un fait unique, son effort pour ravitailler la ville assiégée par Mayenne en 1580. C'était lui qui, après l'avoir prise et reprise sur les chefs du parti catholique, en avait fait une place presque imprenable, en remettant en état ses remparts et le bastion qui était au midi de la ville, et surtout en élevant, au sommet du coteau qui la domine, une citadelle dont on peut se faire une très haute idée par la vue du plan de la Mure assiégée par Mayenne, dont l'original sur parchemin a été découvert à Paris, par M. Eugène Chaper, et se trouve dans sa riche collection [2].

Mais, si la forteresse et les remparts de la Mure et le château de Lesdiguières ont disparu sans laisser de traces,

[1] Derrière la rue de Calemard.

La rue de Calemard est ainsi nommée du nom d'une famille depuis longtemps disparue. Un *Guillelmus de Calamario* est témoin d'un acte passé sous les Dauphins de Viennois, cité par le Président de Valbonnais en son *Histoire du Dauphiné*.

[2] Ce plan, qui paraît très exact, doit avoir été fait pour la glorification et par les soins de Mayenne, par l'un de ses ingénieurs.

si la mémoire du Connétable s'y affaiblit, la maison des Tours de Humbert de Combourcier y montre encore intacte l'une de ses tours, surmontée de ses créneaux, telle qu'elle était en 1535; son château, où ses héritiers ont vécu jusqu'à la fin du siècle dernier, a été, comme nous l'avons déjà dit, restauré et augmenté avec beaucoup de goût et d'intelligence.

Nous verrons ci-après, au chapitre intitulé : « Une Enquête », ce que devinrent et comment finirent Jacques de Combourcier et son fils Alexandre.

CHAPITRE VI.

Testament de Balthazard de Combourcier, Seigneur du Monestier et de Ratier (14 mai 1583).

C'est pour la première fois que ce testament sera publié. Il aurait pu l'être, dans l'ouvrage sur *la Mure et la Matésine,* d'après les notes de M. Fayolle, notre compatriote, si la difficulté de le lire ne l'avait empêché d'en prendre copie. Nous le lui avions communiqué, il y a déjà bien des années, en même temps que le testament d'Humbert de Combourcier.

Avec toute la patience, mais non avec le savoir d'un archiviste paléographe, nous essayâmes alors d'en lire la vieille écriture et d'en faire la copie, mais, malgré tout l'intérêt que nous y trouvions, nous dûmes nous arrêter à la fin de la seconde page. Abandonné pendant bien des années, ce travail de copie a été repris depuis peu et a pu être mené à bonne fin.

Voici donc la copie textuelle du testament du Seigneur du Monestier. La rédaction du tabellion Grenoblois pourra paraître longue et diffuse, mais l'intérêt du fonds fera passer sur la monotonie de la forme.

Après le commentaire que nous en avons déjà donné dans la première partie de ce travail, il ne nous restera à ajouter ici que quelques notes assez brèves.

Testament :

« Au nom de Dieu soit ; scavoir faisons à tous présents et advenir que l'an de grace courant, mil cinq cent quatre-vingt-trois et le quatorzième jour de May, après midy, par devant moy, notaire royal delphinal, soubsigné, et en présence des témoins cy après nommés personnellement s'est étably haut et puissant Seigneur Messire Balthazard de Combourcier, Seigneur du Monestier[1], chevalier de l'ordre du Roy, gentilhomme ordinaire de sa Chambre, lieutenant de la compagnie d'hommes d'armes de Monseigneur le Duc de Genevois,

« Lequel étant en bonne disposition, sain de corps, sens, mémoire et entendement, considérant qu'il n'y a rien de plus certain que la mort et plus incertain que l'heure d'icelle, pour luy et les siens, de son bon gré et libre volonté, a fait son testament nuncupatif et son ordonnance de dernière volonté nuncupative, à la forme et manière que s'en suit :

« Premièrement, faisant le signe de la saincte croix, sur son corps, en donnant son âme à Dieu, son créateur,

[1] Du Monestier-d'Ambel, canton de Corps.

et le priant très humblement qu'alors qu'elle se séparera de son corps, la vouloir recepvoir en son paradis, au nombre des bienheureux,

« Item, le dict Seigneur Testateur veut et ordonne son corps être enterré, s'il advient qu'il décède en ce pays, dans l'église de Notre-Dame de la ville de la Mure, à la chapelle de ses prédécesseurs, et si, lors de son décès, ladite chapelle n'était réédifiée [1], ledit Seigneur Testateur veut et ordonne et enjoint à son héritier universel cy-après nommé, icelle faire restaurer et édifier et tout l'autel d'icelle et la faire remestre en meilleur estat qu'il pourra : et pour le regard de ses funérailles et obsèques, s'en remet à la dévotion de Dame Louyse de Saint-Marcel d'Avanson [2], Dame du Monestier, sa chère femme et épouse, si elle suit le cours de nature, si non de son héritier universel auquel il enjoint de le faire faire honorablement, selon ses facultés et moyens ; tant à l'enterrement, neuvaine que bout de l'an ; veut et ordonne ledit Seigneur Testateur estre accoustrés trente pauvres enfants

[1] Pendant le siège de 1580, l'église de la Mure servant d'abri aux assiégeants pour leurs tranchées et approches de la ville, à la fin du siège, fut prise en écharpe par l'artillerie de la citadelle et des assiégeants ; le chœur de l'église et la chapelle dédiée à Notre-Dame-de-Pitié, fondée par le Seigneur Humbert, aïeul du testateur, furent en partie démolis et ruinés.

[2] Louise de Saint-Marcel d'Avanson devait être la sœur de Guillaume de Saint-Marcel d'Avanson, archevêque d'Embrum, dont il sera question plus loin.

Dans son *Dictionnaire historique du Dauphiné,* Guy-Allard dit que Guillaume, Archevêque d'Embrun, assista au Concile de Trente (1545 à 1563), et qu'il était fils de Jean de Saint-Marcel d'Avanson qui fut conseiller au Parlement de Grenoble, maître des requêtes, ambassadeur à Rome pour Henri II, surintendant de finances, et qui mourut au moment où il venait d'être nommé Garde des Sceaux. 2e vol., p. 554, éd. de M. Gariel.

de ses sujets de Ratier, à chacun desquels veut être baillé le drap nécessaire pour faire un sayon et chemisse, ensemble une paire de souliers, lesquels accompagneront son corps le jour de son enterrement, avec un cierge ou torche à la main, garni des armoiries dudit Seigneur Testateur ;

« Item, veut et ordonne être fait une aumosne générale à tous les pauvres qui se présenteront, tant à l'enterrement, neuvaine que bout de l'an, de pain et potage de légumes tant seulement, ou de l'argent à l'équipollent de ce pain et potage ;

« Item, que durant la première année de son décès son héritier universel sera tenu de faire dire et célébrer tous les jours une messe dans la susdite chapelle, pour le remède de son âme, à moins que ledit Seigneur Testateur ne décédat en ce pays et n'y fust enterré ; et pour ce que feu noble Humbert de Combourcier, Seigneur de Saint-Euséby, ayeul paternel dudit Seigneur Testateur avait fondé une messe qui se dit ou se doit dire tous les jours, dans ladite église de la Mure, après la messe de primes, ledit Seigneur Testateur ajoutant à ladite fondation, veut et ordonne que le prêtre qui célébrera ladite messe soit tenu dire après, pour le remède de l'âme dudit Seigneur Testateur et de ses prédécesseurs, après avoir célébré ladite messe sur le tombeau d'iceluy Seigneur Testateur, à genoux, deux pseaumes, savoir : *Miserere mei Deus secundum* et le *De Profundis,* avec les antiennes suivantes *Deus qui intra apostolicam, Deus veniæ largitor, Deus cui proprium est,* enfin *Deus supra suam familiam* et le *fidelium ;* et pour ce faire, iceluy Seigneur Testateur donne et lègue au commun de ladite église de la Mure une pension annuelle et perpétuelle de trois escus sol, payables annuellement et perpétuellement aux religieux et commun de ladite église par son héritier universel ci-après nommé, à une chacune feste de la Toussaint, commençant la première paye aux jour et feste de Toussaint qu'on célébrera incontinent après le décès dudit Seigneur Testateur ; de laquelle pension son héritier universel ou les siens pourront se descharger en baillant pour eux et pour une seule fois la somme de soixante escus sol pour être employée en fonds au profit d'icelle, lequel fonds demeurera perpétuellement obligé et hypothéqué pour le payement de ladite pension ;

« Item, donne et lègue aux Dames religieuses de Sainte-Claire la somme de vingt escus sol, pour prières dites pour le remède de son âme, à elles payables par son héritier universel ci-après nommé, incontinent après le décès d'iceluy Seigneur Testateur;

« Item, donne et lègue pour aumosne aux pauvres de l'Hôtel-Dieu de la ville de la Mure [1], la somme de vingt escus qui devra estre employée pour la restauration dudit Hôtel-Dieu ou pour achapt des meubles et linges pour l'usage des pauvres qui vivent et demeurent en iceluy ainsy que la Dame du Monestier, sa chère femme et espouse, verra et cognaistra estre plus nécessaire, si elle vit de nature, si non par son héritier universel, de l'advis

[1] Il ne faut pas perdre de vue que ce testament fut fait moins de trois ans après le siège, pendant lequel, et surtout à l'incendie final, l'hôpital qui continuait à la Mure la maison de l'aumône du temps des Dauphins de Viennois dut avoir à souffrir beaucoup. Il est très intéressant pour l'histoire locale de voir, par ce legs, que des pauvres y vivaient et demeuraient et que la somme ici léguée devait être employée par les soins de la Dame du Monestier, de concert avec les Consuls de la Ville.

des Consuls dudit lieu, payables tout incontinent après le décès du Seigneur Testateur ;

« Item, ledit Seigneur Testateur veut et ordonne, enjoint et commande à son héritier universel ci-après nommé de prendre, choisir et eslever deux pauvres enfants de ses sujets de Ratier, et des plus pauvres dudit lieu, et à iceux faire apprendre à ses propres couts, un mestier tel qu'il advisera et cognaistra leur être plus convenable, dans l'an après de décès d'iceluy Testateur ;

« Item, ledit Seigneur Testateur donne et lègue, pour marier deux pauvres filles, la somme de quarante escus sol, qui font vingt escus pour chascune, qu'il veut être choisies parmi ses sujets de Ratier, les plus pauvres dudit lieu, pourvu qu'elles soient pudiques et chastes, à elles payables par son héritier universel cy après nommé, le jour de la célébration de leurs nopces, et lesquelles leur choix et optation veut estre faits dans l'an après le décès d'iceluy Seigneur Testateur ;

« Item, donne et lègue à Françoise de Siévol, sa chambrière, si tant qu'elle se trouve au service domestique dudit Seigneur Testateur, lors de son décès et non autrement, la somme de dix escus sol, pour luy ayder à se marier, à elle payables le jour de ses nopces, outre et pardessus ses gages et salaire qu'il veut lui être pas moings payés ;

« Item, donne et lègue à toutes les autres chambrières qui se trouveront au service domestique de sa maison, lors du décès dudit Seigneur Testateur, et à une chacune d'icelles, la somme de deux escus sol, à elles payables incontinent après son décès, outre et pardessus leurs salaires et gages qu'il entend et veult estre le même jour payés ;

« Item, donne et légue à tous les serviteurs de labourage qui se trouveront au service domestique de sa maison, lors de son décès, à un chacun d'iceux, la somme de deux escus sol, outre leurs gages et salaires à eux payables à son décès, incontinent;

« Item, donne et lègue aux pallefreniers et autres serviteurs de ses hôtels et serviteurs et aux garçons de cuisines qui se trouveront à son service domestique, lors de son décès, et à un chascun d'iceux, la somme de quatre escus sol, outre leurs gages et salaire, payables incontinent après son décès ;

« Item, donne et lègue à François Ballerin, son laquais, la somme de vingt escus sol, pour luy faire apprendre un mestier, au cas qu'il se trouve au service domestique dudit Seigneur Testateur, lors du décès d'iceluy et non autrement, et s'il ne s'y trouvait, a subrogé audit légat le laquais qui se trouvera à son service domestique, et veult que ladite somme luy soit payée, pour lui faire apprendre un mestier, incontinent après le décès d'iceluy Seigneur Testateur ;

« Item, donne et lègue à Pichot, son page, un cheval courtaut, dessoubs ses accoutrements, des estables du Seigneur Testateur, à l'endroit qui lui sera marqué [1], pour faire et disposer pour sa vêture et sa maison ; si iceluy page ne se trouve à son service domestique, lors du décès d'iceluy Seigneur Testateur, iceluy Seigneur Testateur a subrogé audit légat, le page qui se trouvera à son service domestique, lors de son décès, pour le tout luy estre baillé et délivré incontinent après le décès dudit Seigneur Testateur ;

[1] Il paraît qu'il faisait élever des chevaux dans plusieurs de ses domaines.

« Item, donne et lègue à François, son valet de chambre, natif de Gap[1], outre et pardessus ses gages et salaire, la somme de vingt escus sol, si tant est qu'iceluy François soit au service domestique dudit Seigneur Testateur, lors du décès d'iceluy Seigneur Testateur et non autrement, à luy payables par son dict héritier, audit cas, l'an après le décès dudit Seigneur Testateur ;

« Item, donne ledit Seigneur Testateur à Disdier de Saint-Disdier, son secrétaire, la somme de cent cinquante escus sol, si tant est qu'il se trouve au service dudit Seigneur Testateur, lors de son décès et non autrement, à luy payables audit cas par son héritier ci-après nommé, dans l'an après le décès d'iceluy Seigneur Testateur, et ce outre et pardessus ses gaiges et salaire qu'il veut luy estre pas moings payés ;

« Item, ledit Seigneur Testateur donne et lègue à Me Sébastien Aguard, notaire royal delphinal, son secrétaire, pareille somme de cent cinquante escus sol, si tant est qu'il se trouve au service domestique dudit Seigneur Testateur, lors du décès d'iceluy Seigneur-Testateur, et non autrement, à luy payables par son héritier cy-après nommé, dans l'an après le décès dudit Seigneur Testateur, oultre ses gaiges qu'il veut luy être payés ;

« Item, ledit Seigneur Testateur donne et lègue par ce présent, par droit d'institution particulière de legs, à Damoiselles Marie, Philippe et Izabeau de Combourcier, ses filles naturelles et légitimes et de ladite Dame Louyse de Saint-Marcel d'Avanson, à une chacune d'icelles Damoi-

[1] Le seigneur du Monestier avait été gouverneur de Gap pendant plusieurs années. Voir ci-dessus, 1re partie.

selles, la somme de trois mille escus sol, tant seulement et pour tous droits, noms, actions, parts et portions qu'icelles Damoiselles pourront avoir à prétendre tant pour droit de légitime, supplément d'icelle, que autres quelconques, sur les biens et hoirie du Seigneur Testateur, à elles payables par son héritier universel cy-après nommé, la moitié qui sera de quinze cents escus le jour de la célébration de leurs nopces, et l'autre moitié sur les advis de la Dame Louyse de Saint-Marcel d'Avanson, sa femme et épouse, si par cours de nature elle luy survit, si non des plus proches parents d'icelles; et moyennant ladite somme de trois mille escus pour chacune desdites Damoiselles, entend et ordonne le Seigneur Testateur lesdites Damoiselles, ses filles estre contentes, les excluant et déjettant de tous et un chacun ses autres biens, et au cas que les Damoiselles Marie, Philippe et Izabeau, ou l'une d'icelles vinssent à estre mariées avant que ce présent testament soit effet et que par leur contrat de mariage ledit Seigneur Testateur, ou autres pour luy aient fait part et constitution de dot, le légat à elles fait cy-dessus par ledit Seigneur Testateur de trois mille escus n'aura aucune force et valeur; ainsi demeurera éteint et assoupy, et ladite constitution de dot leur tiendra lieu de légat et tous deux ne serviront que pour une mesme dot d'icelles institutions sur ledit legs particulier à la chacune d'icelles et la somme qui leur sera comptée à leur contrat de mariage, pour tous les droits de légitime et supplément d'icelle, les excluant, moyennant ladite constitution de dot ès contrats de mariage, de tous ses biens et hoirie, comme dessus;

« Item, ledit Seigneur Testateur donne et lègue, par droit d'institution particulière de legs, au posthume ou posthumes[1], soit masles ou femelles duquel ou desquels ladite dame Louyse de Saint-Marcel-d'Avanson sa femme et épouse se pourrait trouver enceinte par cy-après, quelque nombre qu'il y en ait, soit mâles, soit femelles, à un chacun d'iceux, la somme de cinq cents escus sol, pour iceux mettre, savoir : s'ils sont masles, d'église, et s'ils sont femelles, de religion à un monastère, desquelles ledit Seigneur Testateur veult et entend qu'elles soient deues et à chacun d'iceux, ou d'icelles, payables par son héritier universel cy-après nommé, lors et quant ils entreront en église et religion, leur donne et lègue ladite somme par droit d'institution particulière, pour en faire à leur plaisir et volonté, et ce pour tous droits, noms, actions, parts et portions qu'ils pourront avoir à prétendre tant par droit de légitime, supplément d'icelle que autre, sur les biens et hoirie dudit Seigneur Testateur, et moyennant icelle, veult et entend qu'ils se contentent et soient exclus de tous et un chacun ses autres biens et hoirie.

« Item, ledit Seigneur Testateur veult et entend et ordonne que si les susdites Damoiselles Marie, Philippe et Izabeau de Combourcier ou susdits posthumes et posthumes qui naytront cy-après de ladite Dame Louyse de Saint-Marcel-d'Avanson, sa femme et espouse, viendraient à décéder, ou partie d'icelles et d'iceux, sans enfants

[1] Dans l'analyse que nous avons donnée de ce testament dans la première partie de ce travail et sous l'empire des idées d'égalité du temps actuel, nous avons trouvé presque étrange et mesquine la manière dont les enfants posthumes sont ici traités. Mais il faut se reporter aux idées de cette époque et penser que, destinés à la vie religieuse, beaucoup d'enfants des meilleures familles y gagnaient rapidement de hautes dignités et de riches bénéfices. De là l'inutilité de les avantager autrement.

naturels et légitimes nés et procréés en légitime mariage, que la somme qu'il leur a particulièrement léguée cy-dessus, retourne et appartienne à son héritier universel cy-après nommé, sans difficultés sans que celuy, ou ceulx qui survivront aux aultres puissent rien prétendre et demander, ni les leurs, ainsi veult et entend que le tout demeure à son héritier universel cy-après nommé et non à iceux.

« Item, ledit Seigneur Testateur veut, entend et ordonne que noble Louys de Combourcier, son fils naturel et légitime et de ladite Dame Louyse de Saint-Marcel-d'Avanson, son espouse soit d'église, suivant la déclaration que ledict Louys luy en a faite par plusieurs fois et au cas où il ne voudrait pas estre d'église, ledit Seigneur Testateur luy donne et lègue par droit d'institution particulière et délaisse la somme de deux mille escus sol, tant seulement, pour tous droits, noms et actions, part et portion, tant par droit de légitime, supplément d'icelle que autres, il pourrait avoir à prétendre sur les biens du Seigneur Testateur à luy payables par son héritier universel cy-après nommé, deux ans après la déclaration qu'il aura faicte ne vouloir estre d'église, et moyennant ce, veult qu'il s'en contente, le désistant et excluant de tous et un chacun ses autres biens [1].

« Et au cas que noble Louys de Combourcier soit d'Église et que les malheurs du temps et troubles de guerres civiles, ou autres, fussent si grands que durant

[1] Avec combien de soins, de tendresse et de prévoyance, le Seigneur du Monestier s'occupe du sort de cet enfant. Le jeune Louis manifeste déjà les qualités aimables qui lui valurent plus tard l'affection de son Roi ; mais il ne montre pas encore les défauts qui la lui firent perdre.

icelles, il n'eust moyen de jouir de bénéfices desquels ledit Seigneur Testateur a fait pourvoir noble Paul de Combourcier, son fils, et héritier universel dudit Seigneur Testateur, à une terre d'un sieur Boussan, avocat, à grands frais et despens et institution de jouissance et usufruit au profit dudit noble Louys et que ledit noble Paul ne luy voulut résigner la jouissance du fonds susdit, ou bien qu'à l'occasion ou empêchement des troubles des guerres et autres malheurs des temps, il ne pût, ou ne luy fust loisible de persister d'être d'Église, audit cas le Seigneur Testateur donne et lègue, par droit d'institution particulière, de legs audit noble Louys de Combourcier, son fils, la part et portion que luy, Seigneur Testateur, a ou pourrait avoir cy-après de la terre, seigneurie et juridiction de Vaulbonnais, avec les maisons, granges et estables, meubles, bestail, terres, prés, vignes, bois et autres, mollins, fonds émoluments et autres généralement quelconques, appartenances et dépendances d'icelle terre, seigneurie et juridiction, ensemble la rente appelée de Saint-Robert qui se perçoit et exige tant à Beaumont qu'ailleurs, excepté ce qui se trouvera de la terre de Rattier que ledit Seigneur Testateur veut et entend demeurer et appartenir à son héritier universel cy-après nommé; et en outre luy donne et lègue, comme dessus, les grangeages et maisons des Bruneaux, appartenances et dépendances, le bestail et meubles qui se trouveront en nature, avec tout ce que ledit Seigneur Testateur y a présentement et tout ce qui pourrait luy appartenir en après, au jour de son décès et aussi les rentes que ledit Seigneur Testateur possède et possédera en la Mateysine; et la vigne que ledit Seigneur Testateur a, ou pourrait avoir cy-après au vignoble de Coignet; le tout en quittant par ledit noble Louys de Combourcier, audit noble Paul de Combourcier, son frère, héritier universel cy-après nommé, les deux mille escus ci-dessus légués et non autrement, lequel légat de deux mil escus est et sera de nulle force et valeur et moyennant ce, ledit Seigneur Testateur veut et entend et ordonne que ledit noble Louys se contente, l'excluant et destituant de tous et un chacun ses autres biens et hoirie, desquels biens ledit noble Louys jouyra, sa vie durant, au cas qu'il fût d'église et que son frère lui refusa la deslivrance des biens cy-dessus, ou par l'occasion de troubles si aucuns y en avait il ne pût jouir de ses bénéfices et en après reviendront à son héritier universel, ou à ses successeurs, à la forme et manière que s'en suit, savoir :

« Et qu'au cas aussy que ledit Louys, par le malheur des temps ne pust, ou ne luy fust loisible d'estre d'Église, et venant à décéder sans enfants masles naturels et légitimes, nés et procréés en légitime mariage, ledit Seigneur Testateur luy a substituée et substitue, au sujet des biens cy-dessus légués, noble Paul de Combourcier, son frère, fils et héritier universel dudit Sieur Testateur, et en après de luy, l'un des enfants mâles dudit Paul, que ledit Paul nommera pour son héritier universel, et en après d'iceluy, son héritier universel ou celuy des enfants masles qui sera nommé pour héritier universel jusqu'à infinition des masles héritiers universels, nés et procréés en légitime mariage.

« Item, ledit Seigneur Testateur donne et lègue, par droit d'institution particulière de legs, à Damoizelle Louyse de Saint-Marcel-d'Avanson, sa chère femme et espouse, tous et chascun des fruicts et jouissance de tous, et un chascun des biens tous cy-dessus légués au profit dudict noble Louys de Combourcier, leur fils, que autres debtes de son hoirie, meubles, immeubles, debtes, obligations, droits, noms et actions, parts et portions, successions, réclamations quelconques, en quoi qu'ils consistent, pour faire, jouir et disposer par elle, à son plaisir et volonté, tant cependant qu'elle vivra et demeurera en viduité, à la charge que d'iceux elle entretiendra les enfants et filles dudit Sieur Testateur et d'elle, selon leurs facultés, desquels fruits et usufruits et viduité en jouira jusqu'à ce que lesdites filles soient mariées, et lesdits enfants aient trouvé leur party, et seront payés les debtes et entretien desdits enfants et filles, que aultres généralement quelconques ; desquelles obligations ains de la vaisselle d'argent et aultres meubles prétieux sera faict double et bon inventaire par parents et notaire sur ce requis, et l'assistance de ladite Dame du Monestier, et au cas où lesdits fruits et usufruits et revenus, tant desdits biens que des obligations ne seraient suffisants, tant pour l'entretien de ladite Dame que des enfants et filles et acquittement des debtes, ladite dame pourra avoir droit de prendre du sol principal desdites obligations, pour payer iceulx debts et légats, debtes et usufruit, auquel sol principal l'héritier universel du Seigneur Testateur cy-après nommé ne pourra toucher et prendre aucune chose, en quelque façon que ce soit.

« Item, ledit Testateur, pour rendre plus enclins ses enfants et filles à rendre obéissance, secours et respect à la Dame de Saint-Marcel-d'Avanson, leur mère, femme et espouse dudit Seigneur Testateur, a donné et baillé, comme par le présent il donne et baille à ladite Dame, sa femme et espouse, tous pleins pouvoirs, puissance et autorité, si quelqu'un desdits enfants, fils ou filles, ne luy rendaient l'obeyssance et devoir, iceluy priver de telle part et portion de biens, légat et héritage qu'elle verrait et cognaistrait mieux, pour son ingratitude et desobeyssance, tout ainsy que si elle était faite audit sieur Testateur.

« Et pour ce que la clef et fondement de tous testaments est institution d'héritier universel, à cette cause ledict Seigneur du Monestier, Testateur, en tous et un chacun ses autres biens, meubles et immeubles, droits, noms et actions, parts, portions, successions et réclamations quelconques, desquels il n'a cy-dessus disposé, en quoy qu'ils consistent, ou puissent estre assis, a faict et constitué de sa propre bouche comme son héritier universel, à savoir : Noble Paul de Combourcier, son fils naturel et légitime, et de la Dame Louyse de Saint-Marcel d'Avanson, par lequel il veut et entend et ordonne tous ses debtes et légats estre payés et accomplis, sans forme ni figure de procès, et au cas que ledit noble Paul vienne à décéder sans enfants masles naturels et légitimes, nés et procréés en légitime mariage, ou bien que ledit Paul décède avant ledit Seigneur Testateur, il institue et substitue en son lieu et place pour son dit héritier universel, ledit Noble Louis de Combourcier, son autre fils, et, en après iceluy de ses enfants masles qu'il nommera pour son héritier universel et en après d'iceluy son héritier universel mâle et celuy des enfants mâles qui sera nommé par son héritier universel, jusqu'à infinition de masles nés et procréés en légitime mariage, et que si le Noble Paul décédait avant ledit Seigneur Testateur, délaissant des mâles, ledit Seigneur Testateur institue celuy lequel ledit Paul nommera pour son héritier universel, et faute de son fils, ainsy que sera loi de nature, au cas où il délaisserait des filles, ledit Sieur Testateur leur donne et lègue, par droit d'institution particulière de legs, à chacune d'icelles, la somme de deux mil escus sol, pour tous les droits, noms et actions qu'elles pourront avoir à prétendre, tant par droit de légitime supplément qu'aultrement, sur lesdits biens et hoirie, payables à chascune d'icelles, la moitié le jour de la célébration des nopces, et l'autre moitié, aux payes qui seront advisées et ordonnées par les plus proches parents et amis de son héritier universel, et au cas que lesdits Nobles Paul et Louys de Combourcier vinssent tous deux à décéder sans enfants mâles, nés et procréés en légitime mariage, ou leurs enfants mâles sans mâles, le Seigneur Testateur leur a substitué et substitue, en tous ses susdits biens, le fils mâle de la fille dudit Noble Paul, qui sera nommé pour son héritier universel, à faute de son fils aîné qui sera lors de nature jusqu'à infinition des mâles héritiers universels de la fille héritière universelle dudit Paul, nés et procréés en légitime mariage et advenant que ledit Noble Paul décédant sans aucunes filles naturelles et légitimes, nées et procréées en légitime mariage, ledit Testateur a substitué et substitue, en tous lesdits biens les fils mâles et la fille dudit Noble Louys de Combourcier qui sera nommée par son héritier universel et à faute de son fils ayné qui sera lors de nature, et jusqu'à infinition des mâles héritiers universels, nés et procréés en légitime mariage, le tout à la charge toutesfois que lesdits enfants mâles qui naîtront des filles tant du Noble Paul de Combourcier, que du Noble Louys, son frère, qui se trouveront appelés à ladite substitution seront tenus de porter les noms et armes du Seigneur Testateur, purs et simples, séparés de la famille d'où ils seront sortis, et où les Nobles Paul et Louys de Combourcier, frères, viendraient tous deux à décéder sans enfants mâles, ou filles naturelles et légitimes, nées et procréées en légitime mariage et tous enfants mâles naturels et légitimes, leur substitue en tous ses biens ladite Damoiselle Marie de Combourcier, fille et héritière particulière dudit Seigneur Testateur et en après d'elle à iceluy de ses enfants mâles qu'elle nommera pour son héritier universel à la charge que iceluy qui sera ainsy nommé héritier universel sera tenu de porter le nom et les armes dudit Sieur Testateur, et après d'iceluy, son héritier universel mâle et celuy des enfants mâles qui sera nommé pour héritier universel, jusqu'à infinition des mâles héritiers universels nés et procréés en légitime mariage qui porteront noms et armes dudit Seigneur Testateur comme dessus et si ladite substitution se trouvait avoir lieu en la personne d'icelle Damoiselle Marie de Combourcier, audit cas ladite Damoiselle Marie de Combourcier sera tenue payer à chascune des Demoiselles Philippe et Isabeau de Combourcier, ses sœurs, filles dudit Sr Testateur cy-dessus nommées, à une chascune d'icelles, la somme de mil escus sol, de laquelle dès à présent comme pour lors et dès lors comme à présent, ledit Testateur accroit et augmente leur légat et qu'il veut et entend leur être payés, ledit cas de substitution advenant à escheoir en la personne de ladite Damoiselle Marie; et au cas que ladite Damoiselle Marie vienne à décéder sans enfants mâles naturels et légitimes, procréés en légitime mariage, ou ses mâles sans mâles, ledit Seigneur Testateur luy a substitué et substitue, en tous ses dits biens, ladite Damoiselle Philippe de Combourcier, sa sœur, fille dudit Testateur et en après d'elle, celuy de ses enfants mâles qu'elle nommera pour son héritier universel et en après d'iceluy son héritier universel mâle qui sera nommé pour héritier universel, jusqu'à infinition des mâles héritiers universels, nés et procréés en légitime mariage, à la charge qu'ils seront tenus comme dessus est dit, de porter les noms et armes du Seigneur Testateur et non autrement; et advenant ladite Damoiselle Philippe à décéder sans enfants mâles, ou lesdits mâles sans mâles naturels et légitimes, leur a substitué et substitue en tous et chacun ses biens, ladite Damoiselle Ysabeau de Combourcier, aussi fille du Seigneur Testateur et en après d'elle, iceluy des enfants mâles qu'elle nommera pour son héritier universel et en après d'iceluy son héritier universel mâle et celuy des enfants mâles qui sera nommé pour héritier universel et jusqu'à infinition des mâles héritiers universels nés et procréés en légitime mariage, à la charge aussy et non autrement, qu'ils devront tous porter les noms et armes du Seigneur Testateur, lequel Seigneur Testateur enjoint et ordonne, veut et entend et commande à ses héritiers universels et autres susdits enfants et filles, ses héritiers particuliers, d'honorer, priser, respecter, rendre devoir et obeyssance de tout leur pouvoir Révérend Père en Dieu, Monseigneur de Saint-Marcel d'Avanson, Archevesque d'Embrun, leur oncle maternel, à luy porter tel honneur et respect à leur pouvoir, comme si était le Seigneur Testateur, leur père, auquel Seigneur Archevesque d'Embrun, le Sieur Testateur requiert très humblement d'avoir pour recommandés ses dits enfants et filles, à les favoriser de sa bonne ayde et faveur, comme si souloit leur père, et d'assister la Dame Louyse de Saint-Marcel d'Avanson, son espouse de son bon conseil et faveur et ayde, pour mettre à exécution le contenu du présent susdit testament.

« Cecy est le dernier testament nuncupatif du Seigneur

du Monestier, Testateur, et son ordonnance de dernière volonté nuncupative, lequel il veut, ordonne et entend estre valable par droit de testament nuncupatif solennel et par forme de codicille et donation à cause de mort et autrement et par tous autres moyens, voyes et manière qui mieux vaudraient, de testament et acte de dernière volonté, cassant, révocant et annullant ledit Seigneur Testateur tous autres testaments et codicilles, donations et autres actes de dernière volonté qu'il pourrait avoir faits advant le présent susdit testament et ordonnance de dernière volonté, priant et requérant ledit Seigneur Testateur les témoins cy-après nommés qu'il a dit bien cognaistre et iceux nommé par noms et surnoms, estre à cestuy dernier testament records et mémoratifs pour en porter témoignage toutes fois et quant ils en seront requis, ou assignés après son décès, ce que lesdits témoins ont promis ès mains de moy, notaire, auquel iceluy Testateur a commandé de faire et rédiger par copie le présent acte et iceluy expédier, un ou plusieurs et faire ce qu'il appartiendra.

« Fait et stipulé à Grenoble, rue Bourgnolen [1], dans la maison et estude de Me Félix Brison, docteur en droit, advocat consultant en la Cour et Parlement de ce pays de Dauphiné, en présence dudit sieur Brison, de noble Jehan Borel, Seigneur de Ponsonnas [2], chanoine et syndic de

[1] Plus tard rue Pérollerie, aujourd'hui rue Barnave.

[2] Ancienne famille noble de Dauphiné, dont descendait Jean Borel, Seigneur de Ponsonnas, près la Mure, plus connu, comme l'un des chefs du parti catholique, au temps des guerres de religion, sous le nom de Ponsonnas. Sa fille, Louise Borel de Ponsonnas, née à Ponsonnas, le 22 septembre 1602, fut la fondatrice des Bernardines réformées de Dauphiné, de Provence et de Paris.

C'est dans cette famille que le romancier Barginet, de Grenoble, a placé le héros de son roman de la *Cote-Rouge*. — V. le *Diction. historique* de Guy-Allard et la *Biographie* de M. Adolphe Rochas.

l'église paroissiale de Notre-Dame de Grenoble, noble Jehan de Combourcier, sieur de La Grange, en Beaumont, sieur Pierre Villard, de la ville de Gap, gendarme de la compagnie de Monseigneur de Genevois, messire Anthoine Jouffray, docteur en droit, advocat, de Brendes, Me Anthoine Teyssier, d'Exiles, Me Jean Bernard, procureur ès-Cour et Parlement de Grenoble, tesmoins à ce requis et soussignés avec ledit Seigneur du Monestier, testateur. Ainsy signés : Monestier, Jean Borel, La Grange, F. Brison, Pe Teyssier, Anthoine Jouffray, Villard, Bernard et moy, notaire royal delphinal de Grenoble, escrivant, Eymard, notaire. »

A la suite de l'expédition, ou copie, sur laquelle nous venons de transcrire le testament de messire Balthazard de Combourcier, sont de la même écriture les deux mentions suivantes :

1° L'une, constatant que le huitième jour de juillet 1599, il a été délivré, à la requête de la dame du Monestier, une copie de ce testament par Me Ville, détenteur provisoire des papiers notariaux de Me Eymard, rédacteur dudit testament ;

2° L'autre, portant que le quinzième jour de juillet 1600, une nouvelle copie, duement collationnée, en a été délivrée au requis de messire Louis de Combourcier, Seigneur du Monestier, par Me Agard, notaire, successeur de Me Eymard.

Puis deux autres, de la main de Me Charvet, procureur à Grenoble, ainsi conçues :

« Extrait et collation a été faite par moy, notaire royal sous signé, du testament susdit, ce requérant vénérande personne messire Guilhaume de Sales, prieur d'Issas, chanoine de Billom en Auvergne, agent des affaires de puissant Seigneur, Messire Jean d'Estaing, Marquis de Salians, Lieutenant des armées du Roy, au nom de mary de Dame Claude-Marie de Combourcier du Terrail, pour servir et tenir lieu d'original où il appartiendra, le présent extrait pris sur autre signé Agard, notaire, fait le quinzième de juillet 1600, lequel a été représenté par ledict sieur de Sales et à luy remis, après ledit extrait fait et collationné et a été soussigné audit nom le dixième de novembre 1654, avant midy. de Salles, Deguelles, notaire.

« J'ay vu l'original du présent qui est un autre extrait, lequel est conforme au présent, et nous consentons foy y être ajoutée, comme à son dit original et pour servir au procès qui est pendant pardevant messire le Vibailly de Graisivaudan, entre lesdits Seigneur et Dame Marquis de Saliaux, défendeurs en ouverture de fidey commis, contre Noble Scipion de Combourcier, Seigneur de Beaumont, procédant de l'autorité de Me Marc Piffard, son Procureur et Curateur ; exibé par Noël Paints, messager, du lieu de Billom, en Auvergne, et à l'instant par luy retiré. Faict à Grenoble, ce vingtième novembre 1654 ; Paints, Charvet. Pour être signifié à Me Piffard. Pour copie, signé Charvet. »

Il y a là des dates précieuses pour l'histoire de la famille de Combourcier.

La première de ces mentions nous fournit la preuve que le 8 juillet 1599, Balthazard de Combourcier n'existait plus, la Dame du Monestier, sa veuve, se faisant délivrer un extrait de son testament.

La seconde nous apprend que, le 15 juillet 1600, un second extrait en était délivré à Louis de Combourcier, leur fils, qualifié de Seigneur du Monestier, d'où ressort la preuve du décès de Paul de Combourcier, son frère aîné, avant, ou après leur père, lui laissant ainsi le titre d'héritier universel. Tout porte à croire que déjà la Dame du Monestier, leur mère, avait dû suivre de près son mari dans la tombe.

La troisième et la quatrième de ces mentions nous apprennent l'existence d'un procès entre la branche aînée de la famille de Combourcier, représentée par Scipion de Combourcier, et la branche cadette tombée en quenouille en la personne de Claude-Marie de Combourcier du Terrail, marquise de Saillans, procès qui, existant déjà en 1653, se continuait en 1654 et devait durer longtemps après.

Pendant toute sa vie, Balthazard de Combourcier avait été l'un des plus fermes champions du parti catholique en Dauphiné. Il y avait été soutenu par l'archevêque d'Embrun, son parent, et l'un des plus chauds partisans de la Ligue.

Ce fut la cause de la colère, de la haine de Lesdiguières contre le Seigneur du Monestier. Il lui en donna la preuve dès le temps où Balthazard de Combourcier était gouverneur de Gap ; il la renouvela lorsqu'il s'empara de la Mure, pour la première fois.

Ses remparts, dégradés et ouverts en plus d'un point ne suffisaient plus à la mettre à l'abri d'un coup de main. Deux maisons fortes lui restaient pour toute citadelle, celle de Beaumont, que le Seigneur Humbert appelait, trente ans auparavant, sa maison des Tours, et celle du Monestier. Ces deux châteaux étaient alors pourvus d'une garnison sur laquelle comptait le Lieutenant du roi, en Dauphiné.

Ce fut de Mens et de nuit, que Lesdiguières vint y

mettre le siège. L'affaire fut très chaude. Le capitaine Bastien, l'un des siens, y périt ; mais après qu'on eut appliqué le pétard à la maison de Beaumont qui se défendait le plus vivement, ce qui restait de la garnison fut passé au fil de l'épée, ou y trouva une mort tragique, sauf deux Capitaines qui capitulèrent et consentirent à suivre désormais la fortune du vainqueur [1].

Balthazard de Combourcier put prendre sa revanche lors du siège de 1580, où, comme Capitaine de l'armée assiégeante, il se distingua à la prise du bastion qui protégeait La Mure du côté du midi. Il fut vaillamment défendu par la garnison et par les habitants. Les femmes elles-mêmes s'employèrent héroïquement à la défense des remparts et de ce bastion, et parmi elles, une jeune fille dont le souvenir est resté légendaire sous le nom de la Cote-Rouge.

Mais quelques années plus tard, Lesdiguières voulut avoir le dernier mot contre le Seigneur du Monestier. Il y parvint en mettant, à l'improviste, le siège devant son château de Rattier. Parti des Diguières, à marches forcées, avec des armes, des munitions et un nombre suffisant d'hommes d'armes, il arrivait à Nantes [2] le 26 mai 1587. Il dominait de là les villages de Roison-le-Haut et de Roison-le-Bas et à peu de distance le Château de Rattier. Enlever les deux villages de Roison fut l'affaire d'un instant et d'un coup de main.

[1] C'étaient les capitaines Beaumian et Pediscaux. Voir *Histoire du Connétable de Lesdiguières,* par Videl, p. 22.

[2] Aujourd'hui Nantes-en-Ratiers, chef-lieu d'une commune du canton de la Mure. Ne connaissant pas les lieux, M. Albert Rochas dans sa Biographie a commis une erreur en citant le Journal des guerres de M. des Diguières lorsqu'il a mis entre parenthèse le mot *la Mure,* croyant mieux préciser le point d'attaque.

Perché sur son monticule, isolé des lieux circumvoisins par un val profond qui, sur l'un de ses flancs, se creuse en un abîme au fond duquel la Roisonne roule ses eaux torrentueuses, le château de Rattier était une imprenable citadelle au temps de la Féodalité et avant l'invention de la poudre à canon. Mais, au temps de Lesdiguières, il ne pouvait plus résister au canon et aux coups de mine.

Ayant contraint les avant-postes du Seigneur de Rattier à quitter les villages de Roison et à chercher un refuge derrière les murs du Château dépourvu de suffisantes provisions, Lesdiguières y faisait ouvrir la tranchée dès le 27 mai. Puis, pendant ces préliminaires, il faisait assiéger en même temps le fort du pont de Cognet et le château de Champ[1]. Donnant une preuve nouvelle de cette activité infatigable, constamment au service d'une puissante volonté, il dirigeait ainsi trois opérations à la fois.

Le 31 mai, le fort de Cognet capitulait.

Le 8 juin, après douze jours de résistance, les assiégés demandaient une trêve, tant à Champ qu'à Rattier. On entrait en négociation, et le 13, Lesdiguières, vainqueur, imposait sa loi aux vaincus. Les châteaux de Rattier et de Champ devaient être démantelés et fournir, par moitié, une contribution de six mille écus. Il fut, en outre, convenu que ni l'un ni l'autre parti ne pourrait plus s'en servir et les fortifier[2].

[1] C'est au pont de Cognet, sur le Drac, que se termine le canton de la Mure. Après avoir détruit un pont plus ancien et le fort qui le protégeait, Lesdiguières fit construire, en 1609, le pont que l'on y voit encore aujourd'hui.

Champ est un village du canton de Vizille, près du Drac et de la Romanche; on y peut voir encore l'une des tours de son vieux château, non loin du chemin de fer qui conduit à la Mure.

[2] Nous trouvons le récit très abrégé de ces faits dans le Journal des guerres de M. des Diguières, déjà cité plus haut.

C'est depuis lors qu'abandonné, le Château de Rattier, à moitié détruit, est tombé dans l'état de ruine où nous en voyons aujourd'hui les vestiges.

Deux ans après le siège de son château, le Seigneur du Monestier n'existait plus, emporté, soit par l'âge, soit par des malheurs successifs parmi lesquels les plus cuisants avaient été de voir son château saccagé par Lesdiguières et de voir mourir avant lui son fils Paul, celui-là même qu'il avait institué son héritier universel. Eut-il du moins la consolation suprême de voir son autre fils, celui qui lui demandait à être d'Église, marié à Charlotte de La Rochefoucauld, cette fille de l'une des plus illustres familles de France!

Cet adversaire ainsi vaincu et disparu de la scène politique, Lesdiguières, dont la puissance devenait formidable en Dauphiné, en retrouvait un encore debout, mais affaibli, dans la même famille, ou du moins dans ses alliances. C'était Guillaume de Saint-Marcel d'Avanson, Archevèque d'Embrun. Mais avec cette finesse qui le servit presque autant que sa force, il allait le soumettre et pour toujours.

« L'Archevêque d'Embrun, son capital ennemy, nous dit Videl, page 110 de son Histoire, se trouvait alors à Grenoble (1590), où il s'était retiré comme en un asyle inviolable, et n'eut pas peu d'étonnement de se voir réduit en son pouvoir. »

« Nous avons ailleurs touché, dit Videl, les causes de la hayne qu'il luy portait, dont la principale était d'avoir été dépouillé de tous ses biens par la prise d'Embrun et banni de sa maison propre. » Ce que cet historien ne nous dit pas, c'est que Lesdiguières était entré à cheval dans la cathédrale d'Embrun, profanant ainsi le lieu saint, qu'il l'avait dépouillée de ses trésors et de ses riches reliques, et, pendant longtemps après, avait continué à percevoir les revenus de l'Archevêché.

Réfugié à Grenoble, comme il vient de nous être dit par Videl, le vieux Prélat fut visité par Lesdiguières, et, contre son opinion, dit l'historien du Connétable, il en reçut un fort bon accueil et les plus honorables paroles du monde, lui demandant son amitié et l'oubli du passé.

— Hé! pourquoi ay-je jamais haï cet homme? s'écria l'Archevêque quand Lesdiguières fut sorti.

Les promesses de celui-ci ne tardèrent pas à se réaliser. Ne se contentant pas de le remettre en possession de son siége épiscopal et des biens de son Archevêché, il obtint encore du Roi qu'il fit demander pour ce haut Prélat un chapeau de Cardinal, en cour de Rome. La mort de l'Archevêque d'Embrun, brusquement survenue, mit fin à cette agréable surprise et à sa réalisation.

Ce n'est pas sans quelque fatigue qu'on aura pu nous suivre dans cette longue exhibition de testaments dont les dates s'échelonnent à travers plus d'une moitié du seizième siècle, celle qui produisit la période néfaste et troublée des guerres de religion. La rédaction embrouillée et diffuse de nos vieux tabellions, surtout dans les dispositions concernant les enfants posthumes et les substitutions, jusqu'à *infinition des mâles,* est bien faite pour lasser la patience des curieux les mieux doués. Mais si l'on a su vaincre cet ennui, on aura recueilli de cette patiente étude l'agréable illusion d'avoir traversé comme une longue galerie de portraits et de tableaux dont les auteurs s'appelaient Humbert, Jean, Jacques et Balthazard de Combourcier. On aura pu voir saillir hors de leurs cadres, avec un relief puissant, les nobles figures de ces illustres personnages.

Et, ramenant à une pensée plus sérieuse la joyeuse inscription que Lesage met sur la tombe du licencié Pedro Garcias, au grand ébahissement des écoliers de Salamanque[1], ne pourrions-nous pas dire en terminant, que ces actes de dernière volonté sont autant de monuments que ces puissants Seigneurs ont élevés à leur mémoire, avec cette inscription :

LA EST L'AME DU SEIGNEUR HUMBERT;
LA EST L'AME DU SEIGNEUR JEAN;
LA EST L'AME DU SEIGNEUR JACQUES;
LA SE TROUVE L'AME DU SEIGNEUR BALTHAZARD.

N'y avons-nous pas en effet rencontré leurs pensées, leur cœur et leur âme tout entière?

Ce chapitre était déjà sous presse, lorsque nous sont parvenus quelques renseignements tout à fait inédits et inconnus jusqu'ici, sur Balthazard de Combourcier, Louis de Combourcier, son fils, et Jean de Combourcier, son petit-fils. Ils nous ont paru trop intéressants pour ne pas les ajouter en forme de note à la fin de ce chapitre.

Ils sont extraits d'un dossier que notre honorable ami, M. Charles Freynet, Sous-Inspecteur de l'Enregistrement et des Domaines à Digne, a trouvé dans les archives de son Château à Valbonnais.

La première pièce de ce dossier est une transaction

[1] *Aqui està encerrada el alma del licenciado Pedro Garcias.* Ici est enfermée l'âme du licencié Pierre Garcias.
Préface de *Gil-Blas*.

intervenue, le 4 mai 1560, à la suite du mariage de Balthazard de Combourcier, alors Lieutenant de la Compagnie de Monseigneur le Duc de Viennois et de Nemours, avec Dame Louise de Saint-Marcel d'Avanson, veuve en premières noces de M. Jehan Du Fléhart, Conseiller du Roi [1], fils d'autre Jehan du Fléhart, Seigneur de Tullins, Premier Président de la Chambre des Comptes à Grenoble. Cette transaction, dans laquelle ce dernier figure comme tuteur d'Alex et Diane du Fléhart, ses petits-enfants, nés du mariage de son fils avec la Demoiselle de Saint-Marcel d'Avanson, a pour but d'assurer à ses enfants mineurs le remboursement, après le décès de leur mère qui en a l'usufruit, des sommes qu'elle a reçues, en cette qualité, de la succession de son premier mari. Guigues de Combourcier, père de Balthazard, y figure comme caution de son fils et, pour sûreté de cette restitution, grève d'hypothèque ses terres et seigneuries de Vaubonnais, la Mure et Rattier.

Dans le même dossier se trouve le contrat de mariage passé le 10 janvier 1593, à Riom, en Auvergne, entre Louis de Combourcier, alors capitaine de cent chevau-légers, et Charlotte de La Rochefoucauld, fille de Messire François de La Rochefoucauld. Elle y est qualifiée de vicomtesse de Ravel et de Moissac. Balthazard de Combourcier y donne à son fils la jouissance de sa seigneurie de Valbonnais.

Nous connaissons la fin tragique de Louis de Combourcier, Sieur Du Terrail, en avril 1609. Les pièces de ce dossier nous apprennent que Charlotte de La Rochefoucauld, son épouse, le suivit de près dans la tombe, en

[1] Ce premier mariage nous était resté inconnu jusqu'ici.

l'année 1610, emportée par le chagrin de l'avoir perdu et de n'avoir pu le sauver d'une pareille mort.

Elle laissait un seul fils, né de leur mariage, Jean de Combourcier, alors en bas âge, sous la tutelle de Louise de Saint-Marcel d'Avanson, son aïeule, tutelle qui prit fin en 1617, par le décès de cette Noble Dame.

Dès l'année 1618, commencèrent des poursuites contre Jean de Combourcier, tant au nom des enfants Du Fléhart, que de la part des créanciers de Louis de Combourcier, son père, qui, nous le savons, était criblé de dettes.

En 1622, les biens de Jean de Combourcier et notamment ceux de Rattier et de Valbonnais sont saisis, ou subhastés, pour nous servir de l'expression juridique de ce temps-là, au nom de M. de la Fare qui figure au dossier, vers 1625, comme ayant acquis les biens de MM. de Combourcier du Terrail.

D'après les détails de cette procédure, Jean de Combourcier paraît avoir quitté le Dauphiné, pour aller vivre en Auvergne, sur les biens qu'il possédait du chef de sa mère, comme Vicomte de Ravel et Baron de Moissac.

Il paraît cependant qu'il lui restait des biens à la Mure et à Ratiers, puisqu'il y avait un intendant chargé de les gérer, M. de la Repara.

N'oublions pas que c'est lui qui, en 1643, fondait, à la Mure, le couvent des Capucins et qu'il mourut au siège de Mardick, le 16 août 1645.

CHAPITRE VII.

UNE ENQUÊTE ET UN INVENTAIRE.

Prohibées aujourd'hui par le Code civil, mais permises au temps dont nous nous occupons, les substitutions, si soigneusement élaborées par les notaires rédacteurs des Testaments ci-dessus reproduits, devaient être, pour la famille de Combourcier, la cause d'un procès ruineux. Le nid du jeune monstre y était déposé; il n'attendait, pour éclore, que des circonstances favorables à son incubation. Elles ne tardèrent pas à se produire.

Ce fut vers 1635 qu'elles commencèrent à se manisfester. Quoique marié et déjà père, Scipion de Combourcier qui était alors le chef de la branche des Seigneurs de Beaumont était tombé dans un état d'incapacité sur lequel les détails nous font défaut. Il fut pourvu d'un Curateur en la personne d'Elizabeth de Bonniot, sa femme[1]. Nous en rencontrons la preuve dans l'intitulé d'un livre

[1] Dans son *Dictionnaire historique du Dauphiné,* Guy-Allard dit que la famille Odde de Bonniot fut anoblie par Louis XI, encore Dauphin, en l'année 1447, et qu'elle s'est divisée en neuf branches, partie desquelles est dans le pays de Trièves et l'autre partie dans le Gapençais.

Michel, Claude et Odde de Bonniot se sont distingués dans les guerres d'Italie, sous Louis XII et François Ier.

V., pour plus de détails, l'*Armorial* de M. de Rivoire de la Bâtie.

de compte tenu par cette noble dame, mais resté inachevé[1]. Il commence par l'invocation suivante :

« Nostre ayde soict au nom de Dieu qui a faict le ciel et la terre. *Amen.* »

Puis vient le titre :

« Compte dressé par Madame de Beaumont, et chargement des arrentements qu'elle a faits pour le temps de sept années, commençant le 18 may 1635, ensuite des pouvoirs à elle donnés, par acte de famille faict au temps susdit, dans la chambre de Monseigneur le Duc de Lesdiguières[2], pardevant M. le Bailly, secrétaire de Monseigneur le Duc, les parents auxquels M. de Beaumont a l'honneur d'appartenir et ceux de ladite Dame. »

Ce compte resta inachevé, Madame de Beaumont étant décédée.

C'est alors qu'elle fut remplacée dans ses fonctions de

[1] Ce livre de comptes a été déposé, avec un certain nombre d'autres titres et pièces de la famille de Combourcier, à la mairie de Mayres, après le décès de Mme de Souchon de Loubière.

[2] Le Duc de Lesdiguières dont il s'agit ici, ne pouvait plus être le Connétable décédé en 1626, mais Charles de Créqui, Comte de Sault, son gendre, auquel furent substitués le nom et les armes du Connétable.

Le premier article de dépense, en ce compte, nous donne les noms des parents appelés à ce conseil de famille :

« En premier lieu, demande à estre allouée pour la somme de 95 livres pour le voyage fait à Grenoble, avec M. de Boyrond, une fille et trois hommes de pied, lequel a duré douze jours passés à Grenoble, pour l'assemblée de parents, avec assignation donnée à MM. de Champoléon, de Morges, du Mouton, Darse, des Béthoux, de Beauregard, des Falandare, Duport, de Bonniot, de Beaufort, de Préboys, de la Fauconnière, de la Chastre du Vivier et Marié, de Mens. »

Curateur de son mari, par un procureur retors et intéressé, de Grenoble, du nom de Marc Piffard.

Vers le même temps, la branche cadette, celle des Seigneurs du Monestier et de Rattier, tombait en quenouille en la personne de Dame Claude-Marie de Combourcier, épouse de M. le Marquis de Saillans. Le moment parut bon au procureur Piffard, en sa qualité de Curateur de Scipion de Combourcier, pour intenter un procès en ouverture de fidéicommis et restitution de biens grevés de substitution, au Marquis et à la Marquisse de Saillans. Ces derniers se défendirent vivement et c'est au cours de ce procès que nous trouvons l'enquête suivante qui paraît avoir pour but de rétablir l'état civil des clients de Me Piffard, à défaut d'actes de naissances et de décès, égarés, oubliés peut-être, à travers les désordres et les événements tragiques des guerres civiles et religieuses.

Cette enquête nous ramène aux faits que nous avons laissés en suspens à la fin du testament de Jacques de Combourcier, Seigneur de Beaumont. C'est surtout à ce point de vue qu'elle nous paraît intéressante à être reproduite ici :

« Enqueste secrette faicte par nous Pierre Perrot, escuyer, conseiller du Roy, vibailly du Viennois, au siège royal présidial de Graisivaudan, séant à Grenoble, dans notre étude, à la requeste du Curateur promu à noble Scipion de Combourcier, Sieur de Beaumont, pour la preuve des faicts par luy soutenus en l'instance pendante pardevant nous, contre Dame Claude-Marie de Combourcier, femme du sieur Marquis de Saillans, à laquelle avons procédé avec les tesmoins produits qui ont déposé ainsy que cy-après, ce quatre décembre mil six cent cinquante-trois.

« Premièrement, noble Jean de Chanterel, sieur de Saint-Arey, habitant du Villaret[1], âgé d'environ soixante-six ans, tesmoin produict de la part de Me Marc Piffard, procureur et curateur promu à Messire Scipion de Combourcier,

[1] Le Villaret, commune de Susville, canton de la Mure.

Pierre de Chanterel, ou Chantarel, était juge delphinal en 1390 ; les mêmes fonctions furent successivement occupées par Claude et Amédée de Chanterel, et notamment par ce dernier en 1480. Jean de Chanterel était avocat et conseil particulier de la communauté de Grenoble en 1478. V. l'*Armorial* de M. de Rivoire de la Bâtie.

Deux branches de cette famille ont existé dans le mandement de la Mure, et celui de la Motte ; celle des Chanterel de Roussillon, qui, croyons-nous, existe encore dans la commune de Monteynard, dans une position très modeste, et celle des Chanterel de Saint-Arey qui habitait à Mayres et au Villaret.

Cette dernière branche, dont un membre dépose dans cette enquête, s'est éteinte à Mayres, vers la fin du siècle dernier.

Qu'on nous pardonne de reproduire ici une anectode qui a rendu légendaire le souvenir du dernier membre de cette famille, comme type du gentilhomme campagnard.

M. de Chanterel était fort lié avec un autre gentilhomme du Trièves, M. de Bonniot, de Tourres. Un jour qu'ils avaient arrêté de faire ensemble le voyage de Grenoble, M. de Bonniot était arrivé à Mayres dès le matin. On avait devancé l'heure du dîner dont une poule au pot, une oreille de porc, un plat de légumes et un lièvre tué de la veille par l'un d'eux, composaient le menu, le tout copieusement arrosé d'excellent vin de Mayres. L'heure du départ étant arrivée, les chevaux sellés et bridés attendaient dans la cour. M. de Bonniot, après avoir bu le coup de l'étrier et remercié Mme de Chanterel de sa gracieuse hospitalité, se préparait à monter en selle, non sans s'être assuré qu'il avait son épée, lorsqu'il s'apérçut que M. de Chanterel oubliait la sienne.

— Ton épée Chanterel !

— Eh bien ! femme, dit M. Chanterel, sans s'émouvoir, mets-la dans la besace. Et aussitôt la noble dame se hâta d'ajouter l'épée de son mari aux objets que celui-ci avait renfermés dans une besace en toile blanche qui lui servait de porte-manteau. Et ce fut ainsi que nos deux gentilshommes arrivèrent aux portes de Grenoble et là mirent l'épée au côté, comme marque distinctive de leur noblesse.

sieur de Beaumont, assigné par Chabuel, sergent royal, dubment adverty de l'ordonnance faicte contre les faux tesmoins, portant peyne de mort, moyennant le serment par luy presté de dire vérité, ouy et examiné sur les articles cinq, six et sept des escritures de Me Charvet, procureur de Dame Claude Marie de Combourcier, femme du Sieur Marquis de Saillans:

« Dépose, moyennant sondict serment, se souvenir que, pendant son bas-âge qui pouvait estre de cinq ou six ans, avait esté une fois dans la maison du sieur de Combourcier de Beaumont, au lieu de Mayres, avec ses père et mère, lesquels allaient voir feue Madame de Beaumont, qui estait veufve, ainsy qu'on disait, de M. de Beaumont, et a entendu dire à ses père et mère qu'iceluy s'appelait Jacques, et alors qu'il fut dans ladite maison, avec ses père et mère, se souvient avoir vu dans ladite maison Alexandre et Scipion de Combourcier, qui estaient petits enfants et plus jeunes d'un couple d'années que luy qui despose, se ressouvient luy déposant, qu'il portait un chapeau et que ces Messieurs ne portaient qu'un bonnet, et luy ostèrent son chapeau qui fust cause que après il ne voulut plus retourner aller chez eux; dict encore avoir vu la Dame de Beaumont dans la maison du père de luy déposant, où elle luy venait rendre visite, se souvenant avoir ouy dire à son père que ladicte Dame estait sœur du feu Sieur de Morges, Gouverneur de ceste Ville, et du Sieur des Mousras, son frère; a aussi vu plusieurs fois lesdits Alexandre et Scipion de Combourcier, tant au lieu de la Mure que dans Grenoble, lequel Alexandre est décédé, ainsy qu'il a ouy dire, des blessures d'un duel qu'il eust avec le sieur de Savines[1], se souvenant qu'après

[1] Savines, famille noble de l'Embrunais.

la mort de la Dame de Beaumont, leur mère, fut promu de Tuteur auxdits Alexandre et Scipion de Combourcier, d'un nommé le châtelain Guillot, de Sainct Georges de Commiers, et de Monsieur Bonniot, de la Mure, dans la maison duquel il les a vus plusieurs fois, audict la Mure.

« Et lecture faicte y a persisté et a signé : J. de Chanterel. »

« 2. Sieur Charles de Vitel, de Mayres[1], fils à feu Robert, habitant au lieu de Mayres, âgé d'environ septante deux ans, tesmoin produit de la part de Me Piffard, curateur promu à noble Scipion de Combourcier, sieur de Beaumont, assigné, etc.

« Dépose moyennant son dit serment estre mémoratif d'avoir vu feu Noble Jacques de Combourcier, surnommé le Sieur de Beaumont, et la Dame de Beaumont, sa femme, qu'on disait estre sœur de feu Monsieur de Morges, gouverneur de Grenoble, et avoir veu dans leur maison de Mayres, tant du vivant dudict Sieur de Beaumont qu'après son décès, lesdits Alexandre et Scipion, ses enfants, qui estaient plus jeunes que luy qui deppose, ce qu'il dit sçavoir parce que, comme voisin, il fréquentait souvent chez ledict Sieur de Beaumont, à Mayres, et du depuys a esté à l'escolle à Sainct-Maurice, avec lesdits Alexandre et Scipion, après que leurs père et mère furent décédés. En laquelle escolle ledit déposant ne demeura qu'une année; sait aussi qu'après le décès de leur mère fust promu de Tuteur de la personne d'un nommé Guillot, de Commiers, et sieur Bonniot, de la Mure, parce qu'ils

[1] La famille de Vitel n'existe plus à Mayres, ni dans le canton de la Mure.

passaient les arrantements des biens qu'ils avaient à Mayres et que ledict Scipion y a encore. A ouï dire à plusieurs personnes que le sieur de Chérines, ou Savines avait tué en duel ledict Alexandre, et tous les biens sont demeurés audict Scipion, son frère, comme il sait, pour estre son proche voisin.

« Et lecture faite, y a persisté et a signé : Ch. de Vitel. »

« 3. Jayme Chamard, fils de feu Jean, laboureur, natif et habitant de la Mure, âgé d'environ nonante-un an, tesmoin produit de la part dudit curateur, en ladite qualité, assigné, etc.

« Dépose, moyennant son dit serment, avoir cogneu feu le Sieur de Beaumont, qui estait marié avec une sœur de Monsieur de Morges, gouverneur de Grenoble, lequel Sieur de Beaumont, après son décès, laissa deux enfants mâles, lesquels il avait vus petits, dans sa maison, pendant la vie dudit sieur de Beaumont, et aussy après, proche la Dame de Beaumont, sa veuve, laquelle estait depuis décédée. Il a veu les deux enfants dudit Sieur de Beaumont, qui estaient avec le Sieur de Bonniot qui prenait soin de leurs affaires, et les a veus revenant des escolles, avec les enfants dudit Sieur de Bonniot; scait qu'un des deux enfants mâles fut tué des causes de[1].... ainsy qu'il a ouy dire à diverses personnes de la Mure, et l'autre, qui est le Sieur de Beaumont, est encore vivant, qui tient tous les biens de la maison, ne sachant s'il est l'ayné ou le cadet de son frère décédé, ce qu'il sait pour estre voisin de la maison dudit Sieur de Beaumont, comme

[1] Il y a là un mot dont le sens est impossible à comprendre, quoique d'une bonne écriture.

luy qui dépose estant habitant audit la Mure, et outre ce qu'il a esté granger dudit Sieur de Bonniot.

« Et lecture faicte de sa déposition, à haute et intelligible voix, à cause de sa surdité d'oreille, y a persisté et n'a signé, pour ne savoir signer.

« 4. Joseph Butet, à feu Marc, tailleur d'habits, de la Mure, âgé d'environ quatre-vingt-huit ans, tesmoin produit de la part dudict curateur, assigné, etc.

« Dépose, moyennant son dict serment, avoir cogneu feu noble Jacques de Combourcier, aussy surnommé Monsieur de Beaumont, lequel, de son vivant, estait gouverneur de Corps, et a ouy dire qu'un sien cavalier, nommé Badon, le tua par mesgarde, lequel Sieur de Beaumont estait marié à la sœur de Monsieur de Morges, gouverneur de Grenoble; a vu que ledict Sieur de Beaumont et sa femme avaient deux enfants mâles, l'un nommé Alexandre et l'autre Scipion, ce qu'il sçait pour avoir esté plusieurs fois chez ledit Sieur de Beaumont; a vu aussy les mesmes enfants, après le décès dudict Sieur de Beaumont, auprès de ladicte Dame de Beaumont, leur mère, laquelle est depuis décédée ayant laissé lesdits enfants assez grands; sait aussy par ouy dire que ledit Alexandre a été tué en duel par le Sieur de Savines, et que ledict Scipion, son frère, est demeuré seul dans les biens et y est encore vivant. Et plus ne a dict.

« Lecture faite de sa déposition, à haute et intelligible voix, y a persisté et n'a pas signé pour ne savoir se signer.

« 5. Michel de La Croix, à feu Jean, natif et habitant à la Mure, tailleur d'habits, âgé d'environ soixante-un ans, tesmoin produit de la part du curateur, en la qualité qu'il agit, assigné, etc.

« Dépose d'avoir ouy dire à feu Jean de La Croix, son père, que feu noble Jacques de Combourcier, sieur de Beaumont, avait esté tué par un qu'on nommait le capitaine Badon, que son dict père y estait présent et demeurait pour lors avec ledict Sieur de Beaumont, ayant aussy ouy dire à son dict père et à Isabeau Cheval, sa mère, que ledit Sieur de Beaumont estait marié à Damoiselle Isabeau de Bérenger, sœur de Monsieur de Morges, gouverneur de Grenoble, que sadite mère y avait demeuré comme fille de chambre; dict, en outre, d'avoir cogneu Nobles Alexandre et Scipion de Combourcier, enfants desdits Sieur et Dame de Beaumont, pour avoir souvent fréquenté avec eux et estre leur plus proche voisin audit la Mure, réputés publiquement enfants légitimes desdits Sieur et Dame de Beaumont, les ayant veu eslevés en ceste qualité; ledit Alexandre ayant été tué par M. de Savines, ainsy qu'il a ouy dire, ayant veu arriver ses hardes après son décès, audit la Mure, conduictes par André Darier, son vallet de chambre, qui les mit chez le Sieur de Bonniot qui administrait leurs biens, le Sieur Scipion, son frère, estant encore vivant, qui tient et possède ses biens, et plus n'a dict.

« Lecture faite, y a persisté et a signé : De La Croix. »

Dans les notes qui font suite au testament de Jacques de Combourcier, aux précédents chapitres, nous avons laissé ce noble Seigneur se préparant à courir les hasards de la guerre.

L'année précédente, il s'était fait remarquer par sa belle défense du Bourg-d'Oisans dont Lesdiguières lui avait confié la garde. Avec deux cents hommes de pied et cinquante chevaux, il avait tenu, pendant plus de trente jours, contre des forces bien supérieures envoyées de Lyon, par le Duc de Mayenne, sous la conduite de Maugiron. Ce ne fut qu'après avoir épuisé toutes ses ressources, en vivres et munitions de toute sorte, qu'il avait consenti à capituler et à sortir de la place, avec les honneurs de la guerre.

L'année suivante, celle même où nous avons vu Jacques de Combourcier faire son testament, le Duc de Lesdiguières venait de s'emparer de Montbonnot, d'où il pouvait menacer Grenoble de très près. Il s'était hâté de remettre en état l'enceinte fortifiée de ce bourg et y avait ajouté cinq forts, ou bastions, avec de bons parapets. Après l'avoir ainsi ravitaillé et muni de provisions, il en avait confié la garde au Seigneur de Beaumont, avec une garnison de quatre cents fantassins. Puis ramenant avec lui tout ce qu'il y avait de cavalerie, il était venu enlever le Château de Gières que l'Isère seule séparait de Montbonnot.

Vers la fin de l'hiver, voyant faire des préparatifs de guerre dans son voisinage, et ayant appris, par les intelligences qu'il avait dans Grenoble, qu'il serait prochainement assiégé, Jacques de Combourcier s'était hâté d'en prévenir Lesdiguières. Mais la fonte anticipée des neiges avait fait déborder l'Isère et empêchait tout secours de lui venir de ce côté. Tout ce que put faire Lesdiguières, ce fut de lui envoyer, par un soldat courageux qui réussit à traverser l'Isère, partie à cheval, partie à la nage et au péril de sa vie, un billet par lequel il l'engageait vivement à tenir jusqu'au milieu d'avril, époque vers laquelle les eaux se seraient retirées.

Se voyant ainsi réduit à ses propres forces, Jacques de Combourcier s'apprêtait à faire même l'impossible, mais ses adversaires ne restaient pas oisifs.

Albigny, neveu de l'Archevêque d'Embrun, dont nous connaissons l'animosité contre Lesdiguières, partait de Grenoble avec mille hommes de pied, pendant que, de la Savoie, s'avançaient, sous la conduite de Sonas, quatre mille fantassins, six cents hommes à cheval et de l'artillerie. Leur jonction fut facile, Jacques de Combourcier ayant trop peu d'hommes à leur opposer.

Vainement et par forme de diversion, Lesdiguières fit sortir de leurs quartiers d'hiver toutes ses troupes du côté de Gap. Ainsi réduit à ses faibles ressources, le Seigneur de Beaumont se défendit héroïquement et aussi longtemps qu'il le put, mais à la fin il fallut céder à des forces supérieures et capituler, à défaut de secours[1].

[1] Dans son *Histoire du Connétable de Lesdiguières*, page 102, et à propos de la prise de Montbonnot par les troupes catholiques, Videl porte contre Jacques de Combourcier et d'autres chefs du parti protestant, une accusation des plus graves :

« Ne pouvant être secouru, Beaumont se résolut à faire le mieux qu'il luy serait possible, mais il ne tenait dans sa place que deux cents hommes au lieu de quatre cents qui y étaient ordonnés, profitant du reste, ainsy que beaucoup d'autres qui préfèrent, par une sale avarice, l'intérêt du bien à celuy de l'honneur, hazardant leur réputation et leur vie, pour un profit déshonnête, et considérant les charges de la guerre comme des fermes pour en tirer seulement le revenu. »

Si cette accusation était vraie dans sa généralité, elle prouverait combien dans le Parti huguenot, au temps des guerres de religion, on était peu difficile sur les moyens de faire fortune.

Mais ce que Videl oublie de nous apprendre, c'est comment, parti de Saint-Bonnet, d'une maison où la richesse était chose inconnue, Lesdiguières, son terrible Connétable, était parvenu à une fortune princière, qui lui avait permis de construire à Grenoble une maison et des jardins somptueux, et d'élever, à Vizille, un palais presque royal, doublé d'un château fort et d'un arsenal, à côté de pièces d'eau, de jardins et de parcs grandioses, sans compter tout ce qu'il possédait ailleurs de châteaux et de domaines.

C'est M. Adolphe Rochas qui, dans sa *Biographie du Dauphiné,*

Nous le retrouvons quelque temps après, à Corps, non loin de la Seigneurie de Beaumont, en qualité de Gouverneur. C'est là que son père avait trouvé la mort et là aussi qu'il devait trouver une fin tragique. Michel de La Croix, fils de l'un de ses serviteurs, qui s'y trouvait alors avec lui, nous apprend, dans l'Enquête ci-dessus reproduite, que le Seigneur de Beaumont y fut tué par mégarde, par un de ses cavaliers nommé le capitaine Badon.

C'est ainsi qu'il laissa dans la douleur et les larmes d'un second veuvage cette charmante Isabeau de Bérenger qu'il avait eu le bonheur de consoler de la perte de son premier mari.

Jacques de Combourcier la laissait avec deux enfants en bas âge, Alexandre et Scipion, et c'est dans l'amour qu'elle ressentait pour eux, à ce degré où le portent toutes les mères, qu'elle chercha la consolation et la résignation, confondant dans son cœur d'épouse et de mère son affection pour ses fils avec le souvenir de leur père auquel elle resta fidèle. Entourer ses enfants de ces soins incessants et délicats dont le cœur d'une mère est toujours prodigue, épier dans leurs manières et sur leurs jeunes visages les marques physiques et morales de ressemblance avec le mari qu'elle avait perdu, recevoir quelques visites de parents, d'amis et de proches voisins, les leur rendre toujours suivie de ses fils, dans ses vêtements de deuil qu'elle ne quitta plus, c'est le portrait que

nous donne le mot de l'énigme et nous apprend que le Seigneur des Diguières avait pu réunir cette immense fortune, en dépouillant les églises et les couvents, en s'appropriant leurs trésors et leurs revenus.

les témoins de l'Enquête nous tracent de la veuve du Seigneur de Beaumont.

Elle ne lui survécut pas longtemps et bientôt elle laissa ses enfants orphelins entre les mains de parents qu'ils devaient peu connaître. Triste dut être leur enfance. Arrivés à l'âge d'hommes ils furent envoyés à Grenoble, où, pour un motif futile, Alexandre, l'un d'eux, eut avec un gentilhomme de l'Embrunois, une querelle suivie d'un duel dans lequel il périt. Les témoins dans l'Enquête qui précède nous donnent l'épilogue de cette tragique histoire, quand ils nous font voir le valet de chambre d'Alexandre de Combourcier rapportant, à la Mure, le corps et les hardes de son maître[1].

La mort d'Alexandre de Combourcier fit passer sur la tête de Scipion de Combourcier, son frère, qui lui survivait, l'universalité des biens de la Branche des Seigneurs de Beaumont, mais c'était pour y péricliter et s'amoindrir.

Nous avons vu plus haut cet infortuné Scipion de Combourcier pourvu d'un curateur en la personne d'Élisabeth de Bonniot, sa femme. L'affection de la noble Dame sut tempérer la tristesse d'une telle situation. Mais il eut le malheur de la perdre et à ce malheur vint s'ajouter une nouvelle infortune, celle d'avoir pour Curateur le Procureur Piffard. Combien de temps dura cette curatelle? Nous ne saurions le préciser. Elle était déjà en plein exercice lors de l'Enquête de décembre 1653, et il est

[1] C'est vers la fin de 1588 que dut mourir Alexandre de Combourcier. L'inventaire de sa succession fut fait le 21 janvier 1599, par Achard, notaire à la Mure. Cet inventaire figure parmi les pièces mentionnées dans l'inventaire de la succession de Scipion de Combourcier, son frère, dont il va être question à la fin de ce chapitre.

vraisemblable qu'elle ne prit fin qu'au décès de Scipion de Combourcier, qui dut avoir lieu vers la fin de l'année 1663.

Les effets durent en être quelque peu amoindris par quelque surveillance de la part des enfants de Scipion de Combourcier, tous majeurs au moment de son décès.

Salomon, l'aîné d'entre eux, avait épousé Catherine Pomier du Villard, habitant à Mayres, nous ne saurions dire en quelle année.

Jacques avait épousé, en 1656, six ans avant la mort de son père, Melchiote de Brunel de Saint-Maurice, veuve de Jacques Martron du Vernay.

Marie, d'après la généalogie de Guy-Allard, fut mariée à l'avocat Eymery [1].

Ces trois mariages dans sa famille et l'arrivée de jeunes enfants durent être pour Scipion de Combourcier la cause de quelque joie, à travers les tristesses de sa situation. Mais ces événements heureux de ses dernières années arrivaient trop tard et ne purent arrêter les fâcheux effets de l'administration de Me Marc Piffard.

Ce ne fut que sous bénéfice d'inventaire que Salomon de Combourcier crut devoir accepter la succession de son père. Nous en trouvons la preuve dans l'Inventaire dont nous transcrivons ici l'intitulé :

« Le mardi, vingt-neuvième jour du mois de janvier mil six cent soixante-quatre, au lieu de la Mure et dans le

[1] Il doit, pour ce qui concerne cette dernière indication, y avoir une erreur dans la généalogie de Guy-Allard. Dans l'inventaire dont il va être plus amplement question ci-après, figurent trois enfants de Scipion de Combourcier, Salomon, Seigneur de Beaumont, Jacques, Sieur de la Beaume, et Ludviguia, épouse de l'avocat Reynaud.

Château de noble Scipion de Combourcier, où je, Greffier de juridiction, me suis exprès transporté de la ville de Grenoble,

« A comparu Noble Salomon de Combourcier, Seigneur de Beaumont.

« Lequel m'a remontré qu'il avait accepté l'héritage de feu Noble Scipion de Combourcier, Sieur de Beaumont, son père, sous le bénéfice du droit d'inventaire et en conséquence, en vertu de la Commission accordée par M. le Juge dudit lieu de la Mure, il avait fait donner assignation en général et en particulier à tous les principaux légataires et prétendants droits à l'hoirie, tant pour en bailler demande de leur part, que pour voir commencer, finir et terminer l'Inventaire desdits biens, par-devant moy dit Commissaire, à ces jours, lieu et heure,

« C'est pourquoi il a requis que j'aie à procéder audit Inventaire, au profit de qui de droit, en défaut contre les assignés et non comparants, le tout sans préjudice à ses droits et prétentions dans l'hoirie de son dit père. De tout quoi a requis acte et s'est signé : Beaumont.

« A l'instant a comparu noble Jacques de Combourcier, Sieur de la Beaulme.

« Lequel nous a remontré que sauf et sans préjudice à ses droits, il n'empêche pas le susdit Inventaire, promettant d'y assister, en tant que de besoin ; les requêtes qui ont été données, sous son nom à mon dit Sieur le Juge, comme ayant été données sans son ordre et son consentement de quoy il requiert acte et s'est signé : La Baulme.

« De même a comparu Me Antoine Reynaud, avocat à la Cour, tant de son chef que comme mari de Demoiselle Ludvignia de Combourcier.

« Lequel nous a déclaré n'avoir moyen d'empêcher la confection de l'inventaire des biens de ladite hoirie, toutes fois sous protestation de la discussion et de bailler demande contre les autres créanciers de l'hoirie ; les requêtes qui ont été données en son nom et de sadite femme, à mon dit Sieur le Juge, ayant été données sans son ordre. De quoi requiert pareillement acte et s'est aussi sous-signé : Reynaud. »

Commencé à la Mure, au Château des Seigneurs de Beaumont, le mardi vingt-six janvier seize cent soixante-quatre, cet Inventaire s'y continua les jours suivants et immédiatement après, à Mayres et à la Baume[1].

Les douze et treize février suivants, il fut repris à Saint-Eusèbe en Champsaur, dans la maison de Jacques Faure, hôte dudit lieu, les bâtiments du domaine étant ruinés ; puis à la Chevance du Villardon, dépendant de la même Seigneurie[2].

Le quatorzième jour du mois de février, l'Inventaire fut consacré aux immeubles des Bruneaux[3] et de Laffrey[4].

Il fut clos à Grenoble, le vingt-quatrième jour de mars 1664, en l'Étude de Me François Marie, ou Marié, procureur héréditaire au Baillage de Graisivaudan, sise

[1] Aujourd'hui commune de Saint-Arey, canton de la Mure.

[2] Le mot chevance qui est employé au même inventaire pour le domaine de Mayres a vieilli aujourd'hui. Il se dit encore, mais rarement, dans le patois du canton de Mens.

Parmi les pièces trouvées à Saint-Eusèbe et dont il est fait mention en cet inventaire, figure la vente passée le deuxième jour d'octobre 1521, par les commissaires et députés de Sa Majesté, à Messire Humbert de Combourcier, de la juridiction haute et moyenne de Saint-Eusèbe.

[3] Aujourd'hui commune de Pierre-Châtel, canton de la Mure.

[4] Canton de Vizille.

rue Saint-André, joignant la Grande rue de Porte Traine, par la description des papiers de procédure que ce Procureur détenait pour le compte de l'Hoirie de Messire Scipion de Combourcier. Parmi les pièces décrites, dans cette dernière séance de l'Inventaire, se trouve un jugement rendu en faveur de ladite Hoirie contre les Sieur et Dame de Saillans, mais suivi d'appel par ces derniers.

Enfin l'Inventaire se termine par la protestation de Salomon de Combourcier de ses droits de faire distraire de l'Hoirie de son père tout ce qui lui appartient par donation, substitution et autrement.

Cet Inventaire nous est parvenu sous la forme d'une expédition authentique. Elle forme un assez fort volume relié en parchemin, qui se trouve à la mairie de Mayres, et y a été déposé avec d'autres papiers de la famille de Combourcier, après le décès de Mme veuve de Souchon de Loubière, dont le mari décédé avant elle, M. Antoine Claude de Souchon de Loubière, était fils de Marguerite Magdeleine de Combourcier qui fut la dernière de cette noble famille.

En parcourant l'Inventaire de 1664, on ne peut s'empêcher de faire un retour mélancolique vers le passé de la famille de Combourcier. Si l'on y retrouve, longuement décrits, presque tous les immeubles que le noble et puissant Humbert de Combourcier avait légués à Jean de Combourcier, son fils, dans son testament de mars 1535, il n'y reste plus trace de l'or et de l'argent monnayés et non monnayés dont il avait soigneusement fait deux parts, l'une dans sa pièce dite le Fourneau, tout près de son lit, l'autre dans sa pièce dite le Comptoir. Il n'y est pas davantage fait mention de meubles de prix, ni de vaisselle d'argent, comme au testament de Balthazard de Combourcier. On sent qu'on arrive à l'époque de la décadence de cette illustre et puissante famille.

Tout en conservant le titre de Seigneurs de Beaumont et tous les droits de haute et moyenne juridiction, les membres de la Branche aînée n'en possédaient plus le Château et les terres. Ils appartenaient à une Branche collatérale, celle des Seigneurs de La Grange.

La Seigneurie de Saint-Eusèbe et les Domaines qui en dépendaient avaient été engagés, par Scipion de Combourcier, sous la forme d'une vente à réméré, dont nous allons trouver la mention parmi les pièces inventoriées.

Dans la description assez minutieuse qui y est faite des Immeubles de l'hoirie bénéficiaire, nous trouvons quelques points qui nous paraissent intéressants à noter ici :

Château et Domaine de la Mure.

Le vieux Manoir des Seigneurs de Beaumont est tombé dans un état général de délabrement. Démantelée depuis le siège de la Mure, la Tour du Nord n'a pas été relevée de ses ruines.

Les terres, prés, bois et vignes qui composent ce Domaine sont décrits en dix-huit articles ; ils ont ensemble une superficie de cent soixante-dix settérées de la Mure [1], équivalant à vingt-neuf hectares vingt-sept ares cinquante centiares. On y remarque toujours les meilleures terres de la Mure et de ses environs et, parmi elles, la belle pièce dite le Grand Champ, au-delà de l'Église, au

[1] La setterée de la Mure était de 400 toises delphinales équivalant à 16 ares 75 centiares, pendant que celle du Trièves était de 600 toises delphinales, ou 25 ares 12 centiares, et celle de Grenoble de 900 toises delphinales, ou 37 ares 68 centiares.

Mas de la Condamine, *Campus Domini,* d'une surface de soixante settérées, ou dix hectares, ce qui est une assez belle contenance pour la Mure, où les Immeubles ont été très divisés, depuis les temps les plus reculés.

Domaine, ou Chevance de Mayres.

Le Domaine de Mayres ne manquait pas d'importance, mais à part quelques beaux Immeubles, il se composait de beaucoup de parcelles de minime superficie. L'Inventaire de 1664 nous donne la preuve qu'à cette époque la propriété était très émiettée à Mayres et qu'une partie du territoire appartenait à des familles étrangères au village[1].

Les Seigneurs de Beaumont passaient volontiers, à Mayres, la meilleure partie de la belle saison. La nécessité de réduire leurs dépenses et de payer les dettes de la succession de Scipion de Combourcier, va porter son fils Salomon à y résider encore davantage et à y vivre en Gentilhomme campagnard. Ils avaient là des vergers et des vignes, parmi lesquelles la bonne vigne des Treilles, qui leur donnait un vin très fin et très estimé. Aussi l'entouraient-ils de soins particuliers. Mayres était du reste, pour eux, un lieu de chasses agréables. Le lièvre et la perdrix y abondaient ; le cerf y passait souvent, franchissant le Drac, entre Mayres et Savel, et voyageant des Forêts de Tréminis aux Bois de Marcieu.

La Gentilhommière qu'ils habitaient au moment de cet Inventaire était située dans cette agréable partie du ter-

[1] Aujourd'hui, ce village habité par des familles aisées et laborieuses est en possession de la totalité de son territoire.

ritoire de Mayres, qui portait alors et garde encore aujourd'hui le nom de Terroir, ou Mas des Auches, au couchant de l'Église. Il n'en reste plus trace aujourd'hui. Au siècle dernier, les Membres de cette Famille avaient transporté leur résidence dans un autre bâtiment, plus à l'Est du village, entre verger, cour et jardins. C'est là que vivait au commencement du siècle présent et qu'est mort, en 1851, M. Antoine-Claude de Souchon de Loubière, chevalier de Saint-Louis, capitaine de cavalerie en retraite, qui avait été garde du corps de Louis XVIII, et était le fils de M. Antoine-Barthélemy de Souchon de Loubière et de Marguerite-Marie de Combourcier, qui fut la dernière de la Branche des Seigneurs de Beaumont.

Tous ces immeubles de la Mure, de Mayres, des Bruneaux et de Laffrey, sans compter ceux de Saint-Eusèbe et du Villardon, constituaient encore un ensemble important; mais de combien de dettes étaient-ils grevés? Le passif de l'hoirie de Scipion de Combourcier ne figure pas en cet Inventaire; c'est une lacune qu'on regrette d'y trouver.

Indépendamment de ces immeubles, le Seigneur de Beaumont possédait de nombreuses rentes perpétuelles, mais divisées à l'infini, grevant de privilège beaucoup d'immeubles dans le mandement de la Mure et les mandements voisins. Mais pour arriver à constituer, dans ses revenus, un apport de sérieuse valeur, elles exigeaient des soins et un grand esprit de suite dans leur recouvrement. Les Seigneurs de Beaumont y employaient un receveur spécial; le plus souvent c'était leur notaire. Mais il paraît que ces fonctionnaires ne manquaient pas de quelques loisirs. L'un d'eux s'est complu à multiplier dans les actes de Reconnaissance qu'il a eu à dresser, aux titres surtout, les lettres ornées de figures comiques et de caricatures assez bien réussies, ainsi qu'on peut le voir dans l'un des volumes déposés aux archives de Mayres.

Quelques-unes de ces rentes ou redevances remontaient à des temps antérieurs à Humbert de Combourcier. Composées de fractions de monnaies diverses et anciennes, de céréales variées, de fruits et de volailles grasses, en des fractions assez bizarres, la perception devait en être difficile. On peut en juger par l'exemple suivant :

Dans un acte de reconnaissance du 21 juin 1756, concernant une rente déjà reconnue par un autre acte dressé le 16 janvier 1659, par Me Turrel, notaire à la Mure, affectée sur des immeubles situés au Villard-Saint-Christophe, appartenant à M. Marc de la Grée et à Dame Françoise Badon, son épouse, la nature de cette rente est ainsi désignée :

« Sous la cense du tiers de la moitié de deux Sibours d'or [1], poids delphinal; le tiers de la moitié d'une civerée d'avoine; le tiers d'un florin et demi d'or, de poids Delphinal et de plus trois gros à chaque mutation de Seigneur et autres possesseurs de lods et autres deniers. »

La difficulté de perception augmentait encore quand il s'agissait de minimes redevances et elles étaient les plus nombreuses.

Pour terminer ce chapitre et en finir avec l'Inventaire de 1664, il nous reste à y relever quelques dates qui feront ressortir des faits intéressants.

[1] Voir l'article sur les Monnaies en Dauphiné, au *Dictionnaire historique* de Guy-Allard. Le mot *Sibour* n'y figure pas, mais nous y trouvons, sous le nom de Bourg, une monnaie valant 34 sols.

La Cense est la redevance due sur des immeubles donnés en emphitéose. Le lods est un droit sur les ventes et les échanges.

La description des titres et papiers y occupe une assez large place, mais il est à regretter qu'on l'ait réduite à une brève énumération, sans aucune analyse des actes mentionnés. Nous y remarquons tout d'abord, sous la date du 28 mars 1548, la mention d'une vente passée à noble Humbert de Combourcier, par Croton Després, marchand à la Mure, devant Me Taverdon, notaire à la Mure, ce qui nous prouve que ce puissant Seigneur s'était remis de la maladie qui le tenait au lit en mars 1535 et avait ainsi vécu un assez long espace de temps, après avoir fait son testament et avant d'aller, pour toujours, se reposer dans la chapelle de Notre-Dame-de-Pitié, en l'église de la Mure.

Viennent ensuite deux mentions de ventes passées à François de Combourcier, son petit-fils, l'un des douze enfants de Jean de Combourcier, second du nom, la première, par Claude de Simianne-Moton, devant Me Maret, notaire, le 29 mai 1548, et la seconde, par Jean Reymond, devant Me Reyffard, notaire, le 6 septembre 1560.

Sous la date du vingtième jour de décembre 1564, figure le contrat de mariage passé devant Me Albot, notaire, entre noble Jean de Combourcier, Seigneur de Beaumont, et Damoiselle Anne de Morges.

Puis, avec la date du 19 janvier 1528 (?), celui de Jacques de Combourcier, son fils, avec Damoiselle Izabeau de Bérenger, aux minutes de Me Samuel, notaire.

N'omettons pas la mention de l'Inventaire des biens meubles et immeubles de noble Alexandre de Combourcier, seigneur de Beaumont, fait par Me Achard, notaire à la Mure, le 21 janvier 1599.

En admettant que cet Inventaire ait été fait peu après le décès d'Alexandre de Combourcier, nous sommes porté à croire que cet événement tragique eut lieu aux derniers jours de 1598, ou au commencement de 1599.

Une seconde mention relate, comme ayant été clos le 20 mai 1600, l'Inventaire de la succession du Seigneur de Beaumont.

Nous y trouvons ensuite la mention de deux procurations passées par Scipion de Combourcier, avant de tomber dans l'état mental qui lui fit donner un curateur ; la première est passée à Me Jean Arthaud, le 11 novembre 1613, devant Me Habram, notaire; la seconde est donnée à Mes Guigues et David Favier, le 22 juillet 1616, devant Me Vial, notaire à la Mure.

Le contrat de mariage entre Scipion de Combourcier et Damoiselle Isabeau de Bonniot, y figure à son tour comme ayant été passé le 21 juillet 1619, devant Me Fiard, notaire à la Mure.

Dix ans après, Scipion de Combourcier devait être tombé dans cet état d'incapacité mentale qui nécessita sa mise en curatelle, puisque, le 29 janvier 1629, la Damoiselle de Beaumont, son épouse, suppléant autant qu'elle le pouvait à son incapacité, et agissant pour lui, signait devant Me Richard, notaire, un acte d'albergement des moulins de Prunières, à Pierre Prestre Malvieux.

Cet état de choses inspirait-il quelque inquiétude aux parents du seigneur de Beaumont ? Tout porte à le croire, puisque nous trouvons à l'Inventaire de 1664, la mention suivante :

« Requeste présentée au sieur Vibailly de Graisivandan, par noble Charles de Champoléon et autres, tendant à avoir commission pour assemblée de parents du Seigneur de Beaumont. »

Nous terminons ici nos glanes à travers cet Inventaire.

Dans le chapitre suivant, nous citerons, en y ajoutant quelques commentaires, des extraits du Livre de raison de Messire Charles de Combourcier, Seigneur de Beaumont.

CHAPITRE VIII.

UN LIVRE DE RAISON.

Un bien rude labeur incombait à Salomom de Combourcier, celui d'éteindre le passif de la succession de Scipion de Combourcier, son père. Il y mit toute son énergie et eut recours aux grands remèdes. Avec le prix d'immeubles éloignés qu'il se hâta de vendre, il paya les frais les plus urgents et celles des dettes qui lui pesaient le plus. Puis, ayant obtenu le règlement des autres dettes, il songea à réduire les dépenses annuelles de sa maison. Catherine Pomier du Villard, son épouse, femme forte et économe, l'y aida de toute son énergie. Pour atteindre plus sûrement ce but, ce fut dans leur petit Manoir de Mayres qu'ils fixèrent leur résidence, pendant la majeure partie de l'année. Les registres de la Paroisse nous en fournissent la preuve. Plusieurs de leurs enfants y sont nés, ou y furent mariés. Citons-en quelques extraits :

« Le 1er novembre 1653, est née Catherine de Combourcier, fille de Noble Salomon de Combourcier, Seigneur de Beaumont, et de Demoiselle Catherine Pomier, et a été baptisée le 1er janvier 1654. Le parrain, M. de Champflory, et Mademoiselle de Beauregard, la marraine.

« Le 9 décembre 1663, a été baptisée Demoiselle Élisabeth de Combourcier, fille à Noble Salomon de Combourcier et à Demoiselle Catherine Pomier.

« Le 2 février 1668, a été baptisé Noble Charles de Combourcier, fils à Noble Salomon de Combourcier, Seigneur de Beaumont, et à Dame Catherine Pomier; Noble Charles du Roux, Sieur des Arnauds, a été le parrain, et Mademoiselle de Ponsonnas, la marraine. »

Ce fut à la Mure, en septembre 1668, comme on a pu le voir par son acte de décès cité plus haut, que mourut Salomon de Combourcier.

La Dame de Beaumont, son épouse, lui survécut et continua, avec ses enfants, à résider dans leur domaine de Mayres.

Nous trouvons encore sur les registres de cette paroisse, la mention du mariage de leur fille Marie :

« Le 4 mars 1680, ont été mariés Noble Aymard de Combourcier, fils à feu Noble Reynaud de Combourcier, Seigneur de La Grange, et Demoiselle Marie de Combourcier, fille à feu Noble Salomon de Combourcier, Seigneur de Beaumont et de Saint-Eusèbe. »

Né le 2 février 1668, Charles de Combourcier épousa, le 1er juillet 1687, n'ayant encore que dix-neuf ans, Élisabeth-Diane de Ricol, fille de Noble Jean-Antoine de Ricol, conseiller du Roi, et de Marie de Jouvet des Oches[1].

[1] Jean-Antoine de Ricol était Maître des Comptes en 1677 ; son fils Salomon de Ricol le fut après lui en 1696, et Paul-Hilarion de Ricol occupa la même charge en 1720.

Jouven des Oches ou Hoches est une très ancienne famille du Trièves.

V. l'*Armorial du Dauphiné,* par M. de Rivoire de La Bâtie.

Ce mariage allait donner le jour à de nombreux enfants, dont bien peu devaient survivre à leurs parents.

Quelques-uns sont nés à Mayres, et le plus grand nombre à la Mure. Nous trouvons dans les registres de ces deux Paroisses et dans le Livre de Raison, dont nous parlerons bientôt, quelques indications intéressantes :

Ce fut à la Mure, le 1er mai 1688, que vint au monde Claude de Combourcier, premier enfant de cette noble lignée. Ce fut l'une des grandes joies de ce jeune ménage.

Une fille suivit de près, Élisabeth de Combourcier, née à la Mure le 18 septembre 1690. Baptisée le même jour, elle eut pour parrain Noble Philippe de Ricol, son oncle maternel, et pour marraine Dame Marianne-Guigonne Bonnet.

Charles de Combourcier, leur troisième enfant, vit le jour à Mayres le 6 janvier 1693 ; il fut baptisé, le même jour, dans cette vieille Église Romane de Mayres, que nous pouvons y voir encore, et il eut pour parrain Noble Charles de Chanterel, Sieur des Ripauds, et pour marraine, Mademoiselle de Saint-Martin.

Entre ce dernier enfant et le précédent, il faut probablement placer la naissance d'Anne de Combourcier, leur sœur, dont nous ne connaissons l'existence que par son acte de décès.

Ce fut également à Mayres que naquit leur cinquième enfant, Jean de Combourcier, le 3 mars 1694 ; baptisé le 4, il eut pour parrain Noble Jean de Jansat, et pour marraine Demoiselle Claudine de Rivaux.

L'existence d'un sixième enfant, dont le prénom ne nous est pas connu, nous est révélée par la note suivante au Livre de Raison de son père :

« Le 30 décembre 1697, j'ay baillé à la sœur de la nourrice de ma fille qui est à Malbuisson, la somme de six livres[1]. »

Un septième enfant, Marianne de Combourcier, vit le jour à la Mure et y fut baptisée le 2 février 1678.

Le 6 mars 1697, le Seigneur de Beaumont et la Dame son épouse avaient leur huitième enfant. Il était tenu sur les fonts baptismaux par Philippe d'Eymery, Sieur de La Chaux, Conseiller au Parlement, et par Demoiselle Louise de Beaufort.

Charles de Combourcier inscrit ainsi, sur son Livre de Raison la naissance de son neuvième enfant :

« Le septième juillet 1701, Madame de Combourcier est accouchée d'une fille, sur les onze heures du soir, un jeudi, lune nouvelle[2], et a été baptisée dans l'Église paroissiale de la Mure, le lendemain, par le Sieur Clavier, curé ; le Parrain, M. Antoine Pomier, du Villard ; la Marraine, Demoiselle Marie de Combourcier, épouse de M. de La Grange en Beaumont, sa tante, et luy ay donné le nom de Thérèse. »

Elle fut nourrie par la femme de Pierre Simiand, de Puteville, paroisse de Feyteny, et n'en fut retirée que le 4 février 1704, d'après une note que nous trouvons au Livre de son père, où il ajoute qu'il a payé, pour solde

[1] Malbuisson est un hameau de la commune de Saint-Laurent-en-Beaumont, canton de Corps, à deux heures de distance de la Mure.

[2] Ce n'était pas, certainement, pour tirer l'horoscope de sa fille que M. de Beaumont notait si bien le jour, l'heure et la situation de la lune, au moment de sa naissance. Jamais il ne s'est occupé de sciences occultes, mais nous aurons à remarquer avec quel soin il observait l'âge de la lune, pour la taille de ses vignes et tout ce qui concernait ses récoltes.

de la pension de sa fille et pour étrennes à sa nourrice, « dix livres dix sols ».

Dans le même Livre de Raison, nous trouvons indiquée la naissance d'un autre enfant du Seigneur de Beaumont :

« Le sept novembre 1703, ma femme est accouchée d'une fille nommée Marguerite. Son Parrain, M. Eymery, Prêtre de l'Oratoire, M. de Gril de Saint-Michel[1] l'a présenté en baptême pour luy, la Marraine, Mlle de Pourceval. Lad. Marguerite est née sur les onze heures et demie du soir et a été baptisée le huit, dans l'Église Paroissiale de la Mure, par ledit Sieur Eymery, son Parrain. »

Une note du même Livre de raison nous apprend que le premier Mars 1705, il a retiré sa fille Marguerite des mains de la femme de Pierre Sigaud, de Saint-Honoré, pour la confier à la femme de Pierre Simiand, de Puteville, nourrice de sa fille Thérèse.

Une autre fille, Catherine de Combourcier, lui était née, nous ne saurions dire à quelle date. Son existence nous est révélée par la mention de son mariage, faite ainsi qu'il suit, aux Registres de la Paroisse de la Mure.

« Le quatorze Septembre 1722, Noble Louis de Combourcier, fils à feu Noble Aymard, et à Demoiselle Marie de Combourcier, de la Grange, paroisse des Méarots, a épousé Demoiselle Catherine de Combourcier, fille à Messire Charles et à feue Élisabeth-Diane de Ricol, ensuite de la dispense de parenté au second degré de consanguinité rendue par Notre Saint-Père, le Pape Innocent XIII, dans son bref du 1er may 1722. »

[1] Cette famille existe encore à la Mure, sous le nom de de Gril de Prégentil.

Nous venons de noter, et à des dates assez rapprochées, la naissance de onze enfants, du mariage de Charles de Combourcier et d'Élisabeth-Diane de Ricol, et nous nous demandons s'il n'y en eut pas d'autres avant le décès de leur mère, dont la date ne nous est pas connue, la première mention de ce décès qui nous soit parvenue se trouvant dans l'acte de mariage de sa fille Catherine. Épuisée par des couches multiples et rapprochées, la Noble Dame dut mourir à la peine.

Devenu veuf et ayant besoin de donner une seconde mère à ses plus jeunes enfants, le Seigneur de Beaumont, déjà âgé de cinquante-cinq ans, passa à de secondes noces, le 4 septembre 1723, avec Demoiselle Marie Terrier, fille à feu Claude et à Marie Genevois, de la Mure.

De ce second mariage sont nés deux enfants, Louis-Alexandre de Combourcier, le 8 décembre 1726, et Marie de Combourcier, le 20 novembre 1727.

Mais, hélas! ce dernier enfant était déjà un enfant posthume. Charles de Combourcier, Seigneur de Beaumont et de Saint-Eusèbe, son père, était décédé un mois avant sa naissance, le 17 octobre 1727, et il dormait son dernier sommeil, au tombeau de ses ancêtres, en sa chapelle de Notre-Dame-de-Pitié, dans la vieille Église de la Mure, lorsque ce dernier rejeton y fut tenu sur les fonts baptismaux.

Après avoir ainsi suivi le Seigneur de Beaumont dans sa famille, nous allons essayer de pénétrer dans d'autres côtés de son existence, et c'est lui-même qui va nous en fournir les moyens, par des notes écrites de sa main, dans son Livre de raison, depuis le mois de juillet 1697 jusqu'à la fin de 1713.

Ce livre nous est parvenu dans un déplorable état,

dépouillé de la couverture en parchemin, les premiers et les derniers feuillets racornis et déchirés, et tout entier avec cette teinte de bistre foncé que donnent aux livres près de trois siècles d'existence, dont un au moins dans l'abandon et l'humidité du galetas.

Il est vrai que ce pauvre volume était loin d'être neuf, quand Messire Charles de Combourcier commença, en l'année 1697, à y inscrire ses premières notes. Il avait déjà été affecté au même usage par Scipion de Combourcier, son aïeul, dès l'année 1610. Il porte, en tête de l'une de ses premières pages, le titre de *Journallier* de Noble Scipion de Combourcier, Seigneur de Beaumont [1].

Très régulièrement inscrites, les notes de ce dernier ne sont relatives qu'à des recettes de rentes ou de fermages. Quelques pages contiennent des états de pièces remises à des Procureurs pour des procès à soutenir, ce qui nous fait penser à la fois que les recouvrements étaient difficiles et peut-être que Scipion de Combourcier avait l'esprit quelque peu processif. Ces notes se trouvent interrompues par l'enlèvement de quelques feuillets, et nous nous demandons si à ce moment-là ce Noble Seigneur n'était pas déjà dans l'état mental qui lui avait fait nommer un curateur.

Dans ce même volume sont copiées çà et là des indications de remèdes contre diverses maladies et des leçons d'art militaire et d'équitation.

Mais les temps héroïques de la famille de Combourcier sont passés, et Charles de Combourcier est resté, comme son père, un Gentilhomme campagnard, tout entier à l'exploitation de ses Domaines, à la gestion de ses

[1] Nous dirions aujourd'hui Livre-Journal.

biens, à l'éducation de ses enfants, à son affection pour leur mère.

Pour un père aussi riche d'enfants, l'ordre et l'économie sont des qualités indispensables. Les notes de son Livre de raison nous font voir qu'il les possédait à un très haut degré.

Des goûts belliqueux de ses ancêtres et de leurs exercices guerriers, il n'a conservé qu'un goût prononcé pour la chasse et pour l'équitation.

Des riches Domaines de son aïeul Humbert, il lui reste :

Son Château de La Mure et ses dépendances en bâtiments d'exploitation, en jardins et vergers, en prés et terres de premier choix autour de La Mure, en belles prairies près des villages du Crey, de Puteville et de Feyteny.

Son Domaine et son petit Manoir de Mayres, avec ses vignes, parmi lesquelles la belle et bonne vigne des Treilles.

Et un autre petit Domaine situé à la Beaume, Paroisse de Saint-Arey, à peu de distance de Mayres, Domaine qui a quelquefois donné son nom, comme fief, à des cadets de la famille de Combourcier.

De ces Immeubles, il faisait cultiver par des domestiques loués à l'année et des ouvriers loués à la journée, ou à la tâche, ses terres et ses prés de La Mure, ses meilleures terres et ses prés de Mayres et ses vignes parmi lesquelles il soignait avec amour sa vigne des Treilles qui lui fournissait le vin de sa table et lui donnait des produits toujours recherchés.

Le surplus était donné à ferme, à moitié fruits le plus souvent, ce qui lui réservait une action plus directe sur son Immeuble et sur son fermier et ne l'exposait qu'aux pertes résultant des intempéries.

Cette gestion l'obligeait à de fréquentes courses de La Mure à Mayres et à la Beaume et de Mayres à La Mure, où se trouvaient ses principales affaires, les marchés où il faisait vendre ses grains et son bétail, les hôtes et cabaretiers qui achetaient son vin.

Ce jeune Seigneur n'avait donc pas le temps d'être oisif et il lui restait peu de temps à donner à sa famille, à ses amis et aux plaisirs de la chasse. Un excellent cheval, de bons chiens devaient être les compagnons favoris de ses courses et de précieux auxiliaires.

Préparé à ce genre de vie par son père et sa mère, il devait s'y mouvoir comme dans son élément, il y trouvait même quelque plaisir.

Homme d'ordre autant qu'économe et doué d'une activité qui ne se lassait jamais, il avait encore le temps d'inscrire, jour par jour, ces notes que son Livre de raison nous a conservées.

C'est au mois de juillet 1697, dix ans après son mariage, qu'il commença à inscrire ses premières notes sur les pages laissées blanches par son grand-père. Tout porte à croire qu'elles font suite à un précédent Livre déjà épuisé et que nous regrettons de ne pas retrouver aujourd'hui.

Une partie des notes que contient le Livre de raison du Seigneur de Beaumont, reviennent périodiquement s'y inscrire à peu près aux mêmes dates. Ce sont celles des locations de valets et de servantes aux fêtes de la Noël, des travaux donnés à la tâche, à prix fait, pour les coupes des foins et pour les moissons, en été. Elles nous fourniront matière à un peu de statistique sur les prix des domestiques et la valeur de la journée des ouvriers de ce temps-là, par comparaison à ceux de notre temps.

Périodiquement aussi s'y inscrivent les naissances des

enfants et leur mise en nourrice. La santé de leur mère ne lui permettait pas de les nourrir elle-même, et s'ils y perdaient ces soins délicats et incessants dont une mère est prodigue, ils y trouvaient plus de force dans le lait d'une robuste nourrice et dans l'air vivifiant de la campagne. Mais quelle cruelle privation ce devait être pour leur mère de ne pouvoir les allaiter elle-même !

Le Livre de raison dont nous nous occupons dans ce chapitre, débute ainsi :

« *Journal à commencer* aujourd'hui, premier juillet 1697.

« Mayres. — Le 1er juillet 1697, presté à Claude Durand, mon rentier, la somme de 7 livres qu'il a promis rendre dans ledit mois. »

« Mure. — Cejourd'hui, 4 août 1696, j'ay baillé à Marthe, mère de mon berger, 4 livres à compte de ses gages. »

« Mayres. — J'ay reçu de Pierre Truffel, mon rentier de Mayres, les 15 sestiers froment qu'il me devait pour l'année présente, ensemble le Cossial [1] et 12 sestiers seigle et, outre ce, m'a baillé 2 sestiers 2 quartaux froment et 4 sestiers 2 quartaux Cossial, le tout du bled croissant dans mes fonds, ce 27 août 1697. »

« Mure. — Le 2 septembre 1697, j'ai baillé à Catherine Grange 14 sols. »

« Saint-Arey. — Le 7e septembre 1697, j'ay baillé à Pierre, mon valet, à compte de son salaire, 14 livres. »

Nous omettons plusieurs notes intermédiaires et passons aux suivantes que nous prenons parmi d'autres comme

[1] Mélange de froment et de seigle, appelé Cossial dans tous les patois du canton de la Mure, en français : Méteil.

dessinant mieux le caractère et les soins du Seigneur de Beaumont :

« Mayres. — L'année 1697, j'ay eu à la vigne des Treilles, 110 charges de vendange[1] et l'ay fait vendanger sur la fin de la lune au commencement du mois d'octobre, pendant lequel il a toujours pleu. »

« La Mure. — Le 26 novembre 1697, reçu de Claude Durand, mon rentier de La Mure, la quantité de 32 sestiers de seigle à compte de la rente qu'il me doit pour la présente année (1697) et me reste devoir encor 13 sestiers 15 litres froment, 14 livres argent presté et 14 chapons et poulets. »

« Domestiques. — Le 10 décembre 1697, j'ay loué Blondin, du lieu de Perrouzat, auquel j'ay promis pour son salaire à commencer d'aujourd'hui, et finir à la Noël prochaine, un an, la somme de 37 livres. Et l'ay chargé de ce que cy-après.

Suit l'énumération minutieuse des petits instruments d'agriculture fournis à ce valet, et dont il aura à faire la restitution à son départ de la maison du Seigneur de Beaumont.

« La Mure. — Le 10 décembre 1697, j'ay reçu du Sieur Mabrieux, mon fermier, trois louis d'or, huit escus et demy, argent, et outre ce, seize sols monnoye, à compte de ma rente et me reste devoir d'argent que cent livres pour l'année présente. »

« La Beaume. — Reçu cejourd'huy, de Daniel Miard, deux poulets à compte de ce qu'il me doit, ce 26 décembre 1697. »

« Mayres. — Ce 28 décembre 1697, Pierre Truffet, mon rentier, de Mayres, a compté avec moi de tout ce qu'il me

[1] La charge de vendange se composait de deux bennes bien foulées qu'un cheval ou mulet pouvait apporter de la vigne au cellier.

doit de la rente annuelle, intérêts d'obligation, mi-croît, et bled presté, et se trouve que j'ay reçu payement de la rente de l'année présente, ensemble du bled que je luy avais presté, et m'a baillé à compte ou de mes intérêts, ou mi-croît, un sestier froment évalué à 6 livres et outre ce, 1 livre 14 sols, qui font en tout 7 livres 14 sols, et ne me reste devoir pour lesdits intérêts, que 1 livre 5 sols. »

« Collet. — Le 30 décembre 1697, reçu de la femme de Jacques Villard, du Collet[1], mon rentier, la somme de 15 livres, à compte de la rente du pré de la Cepière. »

Ces citations suffiront à nous donner une première idée de tout le soin que Charles de Combourcier mettait à la tenue de son Livre journal et à toutes ses affaires, même les plus minimes.

L'année 1698 va nous fournir quelques notes plus intéressantes.

La toiture de la chapelle de Notre-Dame-de-Pitié a souffert du temps et des hivers ; Charles de Combourcier prend des mesures pour la faire remettre en bon état.

« Le 12 janvier 1698, j'ay baillé à prix-fait, à Me Surrel, — ce devait être un charpentier de la Mure, — de raccommoder le couvert de ma chapelle de la Mure, et luy ay baillé 3 livres 12 sols, à compte de 5 livres que se monte le prix-fait. Je dois fournir l'ardoise. »

« Mayres. Le 20 février 1698, j'ai fait tailler ma vigne des Treilles, en lune nouvelle, au second quartier. »

Les enfants du Seigneur de Beaumont commencent à grandir et à avoir besoin des premières leçons. Il leur choisit un précepteur.

« La Mure. — Le 5 apvril 1698, j'ay loué le Sieur Bois-

[1] Paroisse de Feyteny, aujourd'hui commune de Pierre-Châtel.

serain, du lieu de Montbrun, fils à Jean Boisserain, d'Aspres, auquel j'ay promis pour son salaïre d'une année, à compter de ce jour pour enseigner mes enfants, la somme de 66 livres, pour ladite année. »

Un ours qui a pris gîte dans le bois de Vaugelas, au Villard-Saint-Christophe [1], y commet des dégâts dans les récoltes et effraye la population. Elle appelle à son secours les plus habiles chasseurs de La Mure. Le Seigneur de Beaumont se met à leur tête, et voici comment il rend compte de cette chasse dans son Livre de raison :

« Le 8 juin 1698, j'ay été à la chasse au bois du Villard, avec le Seigneur des Herbeys, et Noble Moyse Duport de Pontcharra et toute la Bourgeoisie de la Mure, et ay tué un ours après avoir essuyé neuf coups de fusil sans être blessé. »

Il paraît qu'en présence du fauve de Vaugelas, les bons Bourgeois de la Mure avaient quelque peu perdu la sûreté du coup d'œil et de la main. Cet exploit dut valoir au Seigneur de Beaumont quelque gloire et la reconnaissance des habitants du Villard-Saint-Christophe.

C'était le pays de sa mère ; à quelques jours d'intervalle, la Noble Dame passait de vie à trépas.

« Le 12 dudit, ma mère est morte et a été enterrée dans ma chapelle et douze prestres du voisinage ont assisté à l'enterrement et bout de neuvaine, avec ceux du lieu de La Mure, et outre douze pauvres que j'ay fait habiller et fait dire dix-huit neuvaines de messes pour elle. »

C'est en s'occupant de ses enfants qu'il va se consoler de la perte de sa mère.

[1] Paroisse du mandement de la Mure.

Il a confié son fils aîné, Claude de Combourcier, à M. Saint-Homme, curé de la Motte, et il règle, avec celui-ci, le compte de la pension de ce jeune Seigneur, à la fin de l'année :

« Le 15 décembre 1698, j'ay fait compte avec M. Saint-Homme, curé de la Motte, des payements que je lui ay faits de la pension que je luy devais de mon fils et il s'est trouvé qu'il a reçu ou en vin, ou en argent, fin à ce jour, la somme de 64 livres, 16 sols. » La note est signée par M. Saint-Homme pour tenir lieu de quittance.

Le fils aîné du Seigneur de Beaumont avait alors dix ans et quelques mois, étant né à la Mure le 1er mai 1688.

Vers le milieu de l'année suivante, ce jeune enfant eut probablement besoin d'être soigné de quelque fatigue, et pour le garder plus près d'eux, son père et sa mère le confièrent au Maître d'École de La Mure.

« Le 18 juin 1699, mon fils, de Combourcier est allé chez le Sieur Légat, Maître d'École de ce lieu, après être de retour de chez le Sieur Saint-Homme, curé de la Motte. »

Mais il ne reste pas longtemps à cette École, probablement insuffisante pour l'instruction qu'on veut donner à ce jeune écolier. C'est chez le curé de Saint-Arey qu'on l'envoie apprendre les premiers éléments de la langue latine. La cure de Saint-Arey est à peine à un quart d'heure de marche de Mayres, où le jeune de Combourcier pourra voir fréquemment ses parents.

« Le 8 septembre 1699, j'ay envoyé au Sieur Borel, curé de Saint-Arey, mon fils aîné, Combourcier, pour apprendre le latin et ay promis au Sieur Curé, pour la pension d'une année, à commencer cejourd'hui, cinquante-quatre livres argent, six quartaux cossial et trois barraux de vin[1] payables à la Toussaint et pour l'argent, luy ay délivré vingt-sept livres ce jour d'hier, et les autres vingt-sept livres à la Saint-Jean-Baptiste prochaine, et ce, par convention du présent jour dont le Sieur Borel a un double. »

Les soins qu'il donne à ses enfants ne lui font point oublier ses autres affaires, même de minime importance :

« Le 23 juillet 1698, j'ay vendu à la Rayffarde (ce devait être une cabaretière de la Mure) une charge[2] de vin au prix de six livres quinze sols la charge. Elle l'a prise et ayant mesuré ses barraux, ils tenaient au-delà de la mesure l'un quatre pots et l'autre deux pots que je dois luy faire payer, le tout à la Notre-Dame d'août. »

« Le 25 août 1698, j'ay fait marché avec Pierre Davin, de Puteville, pour oster les taupes qui sont, ou seront dans mes prés de la Touche, le Crey et Pierre-Châtel, au prix annuel de deux livres quinze sols et doit enlever les taupinières aux prés de la Touche et du Crey ; sur ledit marché luy ay délivré un tiers de vin et une livre de pain bis. »

Le métier de preneur de taupes, on le voit, n'était, en ce temps-là, pas plus lucratif que de nos jours. Il faut qu'en tous les temps, ce trappeur des plus modestes ait trouvé quelque plaisir à satisfaire sa passion pour la chasse d'un animal dont la chair ne se mange pas et dont la noire fourrure du plus fin velours n'a jamais trouvé d'acquéreur.

De ces minimes affaires, le Seigneur de Beaumont passe à de plus importantes :

[1] Un hectolitre cinquante litres.
[2] Un hectolitre.

« Romans. — Le 20 juin 1699, j'ay acquitté Monsieur de Ricol, mon beau-frère, de la somme de 6,000 livres qu'il me devait, par transaction intervenue entre son frère et moy, laquelle avait été reçue par Me Aubert, notaire à Grenoble, et la quittance reçue par ledit Aubert, ensemble les intérêts, sans comprendre le legs fait par Noble Jean-Antoine de Ricol, capitaine, par son testament reçu ledit Me Aubert. »

La somme ainsi reçue devait faire partie de la dot de Dame Élisabeth-Diane de Ricol, son épouse.

A quelques jours d'intervalle, c'est la mention d'un prêt qui prend place parmi les notes du Seigneur de Beaumont :

« Ciévols. — Le 28 juin 1699, presté à Mademoiselle Marianne Hardy, 200 livres, sous hypothèque de Monsieur de la Grange, qui me doit 4,400 livres, payables à la Toussaint prochaine, 1669, par acte reçu Achard, notaire à la Mure. »

S'écartant du sujet habituel de ses notes, Charles de Combourcier, dans celle que nous allons reproduire, nous fait voir ce qui se passait à la Mure, en 1701, quinze ans après la révocation de l'Édit de Nantes.

Nous n'avons pas à apprécier ici cet acte politique, l'un des plus graves du règne de Louis XIV; mais avant de reproduire cette note, il faut rappeler qu'au temps des guerres de religion, la vieille population de la Mure s'était augmentée de huguenots venus du dehors, à la suite des troupes de Lesdiguières, quand il prit et reprit cette place forte, qui devint le boulevard du protestantisme, dans les montagnes, alors qu'il l'eût mise dans un formidable état de défense, avant le siège qu'elle allait soutenir, en 1580, contre l'armée du Duc de Mayenne.

Sous cette haute pression, mue par l'intérêt politique, ou par l'attrait de la nouveauté, une partie de la vieille population catholique s'était jetée dans le parti de la Réforme.

Lorsque Henri IV, remonté sur le trône, fut rentré au giron de l'Église catholique et que, l'imitant dans sa conversion, Lesdiguières eut abjuré, il fut suivi, dans son retour au catholicisme, par le plus grand nombre de ses partisans, et notamment par ceux de la famille de Combourcier, qui s'étaient jetés dans son parti. Mais il resta néanmoins à la Mure et dans les environs beaucoup de protestants.

Depuis leur fondation, en 1643, les Pères Capucins n'avaient cessé de travailler, avec zèle et prudence, à la conversion des hérétiques ; mais c'était une œuvre lente et difficile, et lorsque éclata, comme un coup de foudre, la révocation de l'Édit de Nantes, elle surprit encore, à la Mure, bien des familles attachées à la religion de Calvin.

En l'année 1697, fut nommé curé à la Mure, un prêtre zélé, pieux et capable, qui, pendant bien des années, devait y travailler à ramener à la foi catholique beaucoup de réformés qu'on y comptait encore. C'était M. Hippolyte Clavier, précédemment curé à Siévoz, mandement de Ratier[1].

Ce fut probablement sur son initiative qu'eut lieu au

[1] Dans *La Mure et la Matésine,* d'après les notes de M. Fayolle, sont indiquées quelques-unes des conversions opérées par M. Clavier. Son acte de décès y est reproduit en ces termes : « Le vingt-septième jour de décembre 1736, a été enterré M. Hippolyte Clavier, prêtre et curé de la Mure qui avait régi la dite paroisse pendant l'espace de quarante ans, avec grand zèle et édification, âgé de 86 ans, après avoir reçu les sacrements. »

château de Messire Charles de Combourcier, Seigneur de Beaumont et de Saint-Eusèbe, la réunion de nouveaux convertis dont ce noble Seigneur rend compte, dans les termes suivants :

« Le 20 février 1701, les habitants de la Mure, nouveaux convertis, se sont assemblés dans mon château, en présence du Sieur Clavier, curé de la Mure, et ont promis, par escripture privée, de faire leur devoir de chrétien suivant la doctrine romaine, ayant renoncé à la religion réformée qu'ils professaient auparavant, laquelle escripture a été remise au Sieur Curé, ledit jour, par Jacques Polin, maître d'école. Et, le jour précédent, on a pris le Sieur Marié, la Demoiselle Estache et le nommé Lambert, pour faits de religion, par ordre de Monsieur Bouchet, intendant. »

Si l'autorité séculière usait de rigueur envers les réformés récalcitrants, l'autorité religieuse y mettait plus de douceur, mais en même temps beaucoup de fermeté. Le diocèse de Grenoble avait alors à sa tête un Prélat du plus grand mérite, l'illustre et savant Cardinal Le Camus.

Deux de ses lettres, adressées par lui au Père Gardien des Capucins de la Mure, l'une du 26 janvier 1706, et l'autre du 20 février 1707, déjà citées plus haut, nous font voir toute la fermeté et la prudence qu'il déployait pour ramener au bercail, dans un cas particulièrement scabreux et difficile, deux habitants de la Mure, Alexandre de Bourdeaux et Abraham Luyan. Il s'agissait de mariages irrégulièrement contractés.

Aprés cette note qui nous fait entrevoir la situation des nouveaux convertis à la Mure, d'autres nous ramènent à l'éducation des enfants de Charles de Combourcier :

« Le 9 janvier 1702, j'ay fait compte avec Monsieur

Jacques Polin, maître d'école à la Mure, du blé que je luy ay vendu au mois de may dernier, ou de 5 livres 16 sols qui luy ont été remises par une personne qui m'en a fait restitution, ayant fait compte de ce qui luy était deu pour l'instruction de mes enfants, depuis Pâques jusqu'à ce jour, et l'ayant chargé de payer à son beau-fils, pour souliers, la somme de 4 livres, il me reste devoir, pour ce que dessus, 4 livres, sans y comprendre la cense de 1701. »

Ce n'est que pendant celles de leurs jeunes années, où ils étudiaient les éléments de la lecture, de l'écriture et du calcul, que les enfants de Combourcier fréquentaient l'école de la Mure; il est intéressant de les y voir mêlés aux autres enfants de la ville. C'est à Vif, dans un pensionnat de Religieuses, que Charles de Combourcier envoyait ses filles :

« J'ay retiré ma fille de Combourcier, le 15 avril 1702, des Religieuses de Vif et leur ay envoyé par Guigues Marin, trente livres et m'ont passé quittance générale. »

C'est aux aînés de la famille qu'on donnait habituellement le nom patronimique. Cette jeune fille ainsi ramenée de Vif était donc la fille aînée du Seigneur de Beaumont, Élisabeth, née à La Mure, le 18 septembre 1790. Elle avait alors près de douze ans.

En 1704, l'école de La Mure était tenue par un nouvel instituteur, nommé Giraud. La quittance suivante écrite par lui sur le livre de M. de Beaumont, nous fait voir qu'il avait une assez belle écriture, mais que sa rédaction était quelque peu laborieuse.

« Le soussigné est satisfait de M. de Beaumont, pour les droits des mois d'école, pour le passé, fin au 10me du présent, pour avoir enseigné Messieurs ses enfants, à raison de dix sols par mois, et avoir compté et compensé sur mes droits, la cense que je devais audit Seigneur, pour les années 1701, 1702 et 1703, incluse. Fait ce 22 juillet 1704. Giraud. »

La rétribution scolaire, dix sols par mois, paraît aujourd'hui bien minime, surtout appliquée aux enfants du Seigneur de Beaumont, mais elle le semblera moins, quand nous aurons pu comparer, plus bas, le prix de beaucoup de choses en ce temps-là.

Pour en finir en ce qui concerne l'éducation des enfants de Combourcier, citons encore une note du même livre. M. de Beaumont envoie l'un de ses fils en pension chez un prêtre d'un Mandement voisin :

« La Valette. Le 4 janvier 1712, j'ay envoyé en pension chez M. Pellafol, prestre, mon fils La Beaume, et luy ay promis quatre livres par mois et six settiers cossial, pour toute l'année ; sur quoi j'ay payé un louis d'or, valant vingt livres, trois sols, trois settiers seigle, trois quartaux froment et deux barraux vin. »

Ce fils, qu'il envoyait chez M. le curé de La Valette, était son second fils, Charles de Combourcier, né à Mayres, le 6 janvier 1693, ayant donc alors dix-neuf ans. C'est celui qui devait lui survivre et être son héritier.

Un autre membre de la famille de Combourcier, oncle du Seigneur de Beaumont, que nous avons vu figurer à l'Inventaire du 29 janvier 1664, Jacques de Combourcier, Sieur de La Baume, vivait encore en 1703. Charles de Combourcier, son neveu, lui envoyait alors à Grenoble son certificat de noblesse dont il avait à justifier. La note qui, dans le livre du Seigneur de Beaumont nous apprend cet envoi, nous fait savoir aussi que son fils aîné se trouvait en la même ville où il lui faisait remettre, par la même occasion, un vieux habit, pour porter tous les jours. On peut voir par ce minime détail, que ce noble Seigneur n'oubliait jamais ses principes d'ordre et d'économie.

M. Clavier, son curé de La Mure, avec lequel il était en excellents termes, avait besoin d'ajouter une cave à son presbytère, et c'est sur le terrain de M. de Combourcier qu'il devait la bâtir. Nous allons voir à quelles conditions :

« Le 25 septembre 1705, j'ay baillé au Sieur Clavier, curé, permission de bâtir une cave à côté de la cure de ce lieu de La Mure, et de prendre en ligne du terrain depuis l'angle de ladite cure jusqu'à celuy de la muraille du jardin, par acte reçu Me Chuzin, notaire de ce lieu, et ce, à condition que ledit Sieur curé et les autres, ses successeurs, diront annuellement deux grandes messes de mort, dont l'une le 4 novembre, à l'honneur de saint Charles, mon patron, et l'autre, le 3 février, jour de mon baptême, pour les morts, et outre ce, toutes les Fêtes solennelles et jours de Fêtes de Notre-Dame, *le Salve* dans ma chapelle et le *De Profundis,* et au cas que ces services discontinuent, il me sera permis de faire démolir ladite cave et de reprendre mon fonds, sans despens. »

Après avoir ainsi reproduit les notes qui forment le dessus du panier, parmi celles dont abonde le livre de Messire Charles de Combourcier, il nous reste à condenser, dans cette fin de chapitre, une courte étude sur le prix des ouvriers agricoles et des choses, du temps où il vivait, et sur l'état de l'agriculture, dans notre région, autant du moins qu'on peut le faire avec des documents incomplets.

L'impression générale qui nous reste, après l'examen

de son Livre de Raison, c'est qu'en ce temps-là, et quoique la population fût moins nombreuse que de nos jours, il devait y avoir quelquefois insuffisance des produits annuels de la terre. Il ne faut pas l'oublier, ce que nous appelons aujourd'hui la culture intensive était alors chose inconnue. C'était le beau temps de la jachère ; la prairie artificielle n'était pas connue, et une moitié des meilleures terres était systématiquement laissée en repos, ne donnant qu'un maigre pâturage et ne recevant pas toujours les trois labours réglementaires pour détruire le chiendent et les herbes adventices, et en obtenir l'année suivante une abondante céréale. Les terres de mauvaise qualité restaient à l'état de maigre pâturage, et c'est aux prairies naturelles, trop souvent sans arrosage, qu'on demandait le foin nécessaire à la nourriture des bestiaux. Les propriétaires de cette région étaient donc exposés à la disette des fourrages, comme au manque des céréales. De là cette habitude, qui n'est pas encore éteinte de nos jours, d'envoyer le bétail au pâturage, pendant les mois d'été, sur les montagnes gazonnées, à Lavaldens et à La Morte, dans le Mandement de Ratier, ou dans cette partie de notre territoire qui s'étend des hauts villages de la Motte-Saint-Martin jusqu'aux contreforts de Senepe, entre les villages des Merlins et de Prunières, au Mandement de La Mure.

Donnant à ferme une partie de ses bonnes prairies, le Seigneur de Beaumont n'échappait pas toujours aux nécessités d'une telle situation ; en voici des preuves :

« Le 3 may 1706, j'ay baillé à la nommée Denyse, de Chabotte, ma chèvre, moyennant seize livres de beurre, ou fromage, payables à la Saint-Michel. »

« Le 2 may 1712, baillé à la fille Didier, de Chabotte,

à Lavaldens, quatre chèvres dont une n'a pas de lait, les autres en ont, pour la quantité de quarante-deux livres de fromage, à la Saint-Barthélemy. Elle rendra les chèvres à la Saint-Michel. »

« Le 30 may 1712, le nommé Jean Poncet, de Chabotte, au-dessus du Moulin-Vieux, a pris au fromage ma vache noire, laquelle n'a pas encore fait son veau, ayant promis de faire le prix quand elle aura mis bas, outre autre vache qu'il a prise cy-devant. »

« Le 22 may 1713, j'ai loué mes vaches à Jean Poncet, de La Morte, au nombre de quatre, l'une noire, l'autre grivelle [1], l'autre rouge, banette [2], et une génisse blanche, et quatre chèvres et une chevrette, moyennant un quintal et douze livres, beurre ou fromage, à savoir : quarante livres beurre et le reste en fromage. La vache rouge a fait le veau le 7 août 1713. »

Dans ces contrats de louage, il y avait avantage réciproque. Le preneur qui manquait d'argent pour acheter du bétail, retenait pour frais de garde une large part du produit des bêtes louées, en lait, beurre et fromage. Quant au bailleur, il se déchargeait ainsi de la nourriture et du soin de son bétail et recevait une part suffisante de leur produit, sous forme de beurre excellent et de fromage très estimé.

Lorsqu'ayant élevé de jeunes chevaux, le Seigneur de Beaumont voulait les fortifier par l'exercice et le pâturage, en liberté, il les envoyait passer un ou plusieurs étés dans les mêmes pâturages, moyennant une légère redevance.

[1] Grise, avec les extrémités noires.
[2] Écornée.

L'or et l'argent monnayés étaient rares et circulaient peu, ce qui aggravait encore leur rareté. Aussi M. de Beaumont ne trouvait-il à affermer à prix d'argent que ses meilleures prairies. Quant à ses autres propriétés, il les donnait à ferme moyennant un fermage annuel, partie en argent, partie en céréales et autres produits. En voici un exemple :

« Le 29 janvier 1705, j'ay arranté mon domaine de La Beaume à Barthélemy et David Darier, moyennant 135 livres annuellement, plus : 1° cosseat, 40 setiers ; 2° pois et gesses, 2 setiers ; 3° un cochon gras ou 15 livres ; 4° 80 livres de chanvre teillé ; 5° 14 bennes de pommes ; 6° Trois setiers de noyaux de noix ; 7° 120 œufs de poules ; 8° et 8 chapons gras, le tout annuellement [1]. »

On remarquera qu'il n'est pas question de vin dans ce bail : c'est que ce produit, réservé au fermier, doit l'aider plus facilement à réunir la somme d'argent à payer au Propriétaire.

[1] Le village de la Beaume est aujourd'hui l'un des plus jolis du canton de la Mure, sur les bords du Drac, au point le plus abrité de la région. D'abondantes fontaines y trouvent une issue facile au point de contact du tuf et du schiste sur lequel il repose. Augmentées des eaux du moulin de Saint-Arey, qui y forment un arrosage suffisant, elles entretiennent la fraîcheur et la verdure dans des prés et des vergers plantureux. Les arbres à fruit et le cerisier en particulier y abondent et donnent aux habitants de ce village une aisance peu ordinaire. Il n'en était pas ainsi au temps de Charles de Combourcier ; les eaux de Saint-Arey n'y arrivaient pas encore. Le village était peuplé de cultivateurs et de tisserands, descendants des Huguenots, qui avaient trouvé un refuge dans les grottes auxquelles le village doit son nom, au temps des guerres de religion. La population actuelle y est toute protestante, mais peu soumise au Pasteur de la Mure. La chapelle en ogive des de Combourcier y est devenue le cellier de l'un des propriétaires aisés du village.

La première qualité de vin de pays vaut alors à La Mure, d'après les notes de M. de Combourcier, 8 à 10 livres la charge, mesure un peu inférieure à l'hectolitre d'aujourd'hui.

Le 20 juillet 1698, le Seigneur de Beaumont vend du vin à la Rayffarde, tenant cabaret à La Mure, à raison de 10 livres 10 sols la charge. C'est le moment de l'année où le vin devient rare et court le risque de tourner. Mais la maison des Tours a d'excellentes caves.

Le 6 octobre 1701, il fait à trois cabaretiers de La Mure, nommés Joli-Cœur, La Forge et Mollière, une nouvelle vente de vin, de sa bonne vigne des Treilles, mais à prendre à la cuve, en son cellier de Mayres, au prix de 8 livres la charge.

Le prix des grains varie peu ; en voici quelques aperçus :

Le 15 juin 1700, le Seigneur de Beaumont fait une vente de blé froment à la Petite-Boulangère et à la Rayffarde, à raison de 20 sous le quartal de 16 litres.

Le 27 août 1706, il prête à Claude Bayard, de Savel, un setier de seigle, à raison de 24 sous le quartal.

Le 28 août 1700, il a vendu le seigle au prix de 28 sous le quartal.

Ce sont peut-être là des années où la récolte a manqué. Le seigle est d'un prix supérieur à celui du froment.

Le froment n'était alors que très peu cultivé à La Mure et dans les environs. Le pain de luxe ne figurait que sur la table des familles riches ; souvent on y préférait du pain de méteil. Le froment n'avait donc qu'un écoulement difficile. Par suite de préjugés locaux, on lui préférait le méteil, ou le seigle qui donnait plus de paille et plus de grains dans les terres légères.

L'avoine entrait aussi pour une bonne part dans les assolements de cette époque.

Le 19 mai 1701, M. de Beaumont vend à la femme du Sieur Caral, étapier [1], 20 setiers d'avoine, à raison de 15 sous le quartal; — n'oublions pas que la capacité du quartal est alors de 16 litres, ce qui donne 64 litres pour le setier.

Cherchons maintenant dans les notes de M. de Beaumont le prix du bétail.

Le 22 juin 1699, il achète du sieur Badier, de Cymane [2], une vache de poil rouge au prix de 30 livres 15 sous.

En décembre de la même année, il achète du Sieur Courdon, de Cymane, une paire de bœufs au prix de 37 écus. C'est probablement une paire de jeunes bœufs d'élève.

Le 12 juillet 1700, il achète du Sieur Poncet, de Valbonnais, une autre paire de bœufs, au prix de 96 écus 35 sous.

Le 18 avril 1701, il vend au Sieur Rigon [3], de Nantes-en-Ratier, deux vaches rouges au prix de 60 livres.

[1] Fournisseur des troupes de passage.

[2] Village de la commune de Prunières, qui fait partie de la paroisse de la Mure. On écrit aujourd'hui Simane. Mais nous inclinons à croire que la bonne orthographe est celle qu'emploie ici M. de Beaumont. Beaucoup de noms de lieux, dans notre pays, remontent à l'époque Gallo-Romaine et sont tirés du latin vulgaire. Cymane doit venir de *Hic mane,* — Reste ici. De même que la petite montagne qui touche la Mure, s'appelle Cymont, *Mont d'ici.* Ce serait donc à tort qu'on écrit Simon.

[3] L'industrie des marchands de bestiaux est alors, comme aujourd'hui, plus particulièrement fixée à Nantes-en-Ratiers, à Tort, à Fugières, commune de Saint-Honoré, au Sert-Sigaud, commune de Pierre-Châtel, dans des villages qui touchent à des marais, où des prairies marécageuses fournissent un pâturage toujours prêt à

Le 14 mai 1701, il achète, du fermier de M. de Bardonenche, une paire de bœufs au prix de 59 écus.

Le 9 mai 1705, il achète de Jacques Polin une vache et sa génisse au prix de 36 livres.

Le 25 mai 1707, il achète, à Voiron, une paire de bœufs au prix de 43 écus.

Le prix des bœufs varie donc de 96 écus, prix de la plus forte paire, à 37 écus, prix de la moindre. Le prix des vaches ne varie guère. Il est de 30 livres au minimum, et de 36 livres pour celle qui est suivie de son jeune veau.

Deux chèvres, achetées par M. de Beaumont, le 25 mai 1708, lui coûtent ensemble 9 livres, 10 sous.

Le 15 mai 1703, il vend deux veaux à Jacques Giraud, marchand boucher à la Mure, au prix de 15 livres payables à terme. Les bouchers ne font évidemment pas de brillantes affaires à la Mure, et l'argent est rare chez eux.

D'autres notes vont nous donner le prix des chevaux, des poulains et pouliches.

Le 15 octobre 1704, le Seigneur de Beaumont achète de François Sigaud, de Saint-Honoré, une pouliche de poil bai, âgée de seize mois, au prix de 45 livres.

Le 21 septembre 1705, jour de foire au Bourg-d'Oisans, il achète deux poulains, payés ensemble 70 livres, 10 sous, et une pouliche, du prix de 64 livres, 10 sous, toute dépense comprise. On voit que le Noble Seigneur est toujours précis dans ses notes.

Le 22 avril 1709, il vend au sieur Michon, marchand de bestiaux à Fugières, son cheval bai, âgé de neuf ans, au prix de 105 livres.

recevoir le bétail de commerce et les autres bêtes des marchands et propriétaires.

Et le 9 juin 1711, il achète de Jacques Mollière, une jument de poil bai, âgée de six ans, au prix de 90 livres.

Son Livre contient plusieurs règlements avec son boucher de la Mure, mais il ne nous indique pas le prix de la viande de boucherie. Dans une note plus complète, il nous fait connaître le prix de la mouture du blé :

« Le 3 may 1705, payé au meunier de M. de Vinterol, six quartaux de cosseal et seigle, par moitié, pour les moutures que je luy devais, pour l'année 1704, et luy devray pareille quantité à la fin de la présente année. »

Le 3 mars 1712, il fait marché avec René Colas, voiturier à la Mure, pour ses jeunes pigeons, au prix de 8 sous et demi la paire, pour une année. Il paraît que son pigeonnier est bien tenu et lui donne d'abondants produits.

Le 15 septembre 1704, il reçoit du beurre, de la Traverse, Paroisse du Villard-Saint-Christophe, au prix de 4 sous la livre. Ce devait être du beurre d'excellente qualité. Il se vend aujourd'hui plus d'un franc le demi-kilogramme.

Le 13 mai 1701, il reçoit des ais, ou planches de sapin, achetés de Moyse Freynet, de la Valdens, au prix de 27 sous la toise, que l'on paye aujourd'hui sept à huit francs. La toise se mesurait alors comme aujourd'hui, à raison de six pieds, ou deux mètres, sur des planches d'une longueur de trois mètres.

Une de ses notes nous donne le prix du sel, en l'an 1700. Il se paye alors 9 livres, 12 sous le quintal, ou les cent livres. Il n'est grevé d'aucun impôt, mais le transport des salines de Provence en Dauphiné, par de mauvaises routes, en augmente beaucoup le prix.

Après cet examen rapide du prix des choses, passons au salaire des domestiques et des ouvriers.

Le Seigneur de Beaumont a besoin de bon nombre de valets et de servantes, tant pour son château et son domaine de la Mure, que pour son manoir et sa chevance de Mayres. Aussi, trouvons-nous sur son Livre de nombreuses notes, pour les locations de domestiques, vers les fêtes de la Noël de chaque année, époque habituelle, alors comme aujourd'hui, de ces contrats, dans notre région. Nous n'en citerons ici que quelques-unes :

« Le 6 janvier 1699, j'ay loué Alexandre Coyret, des Gonthéaumes[1], pour un an, au prix de 33 livres.

« Le 27 décembre 1699, reloué François Reynier-Caton, de Mayres, au prix de 40 livres, pour l'année. » Ce prix sort de la moyenne, mais il s'agit d'un bon serviteur que son maître tient à garder à son service.

« Le 26 décembre 1701, loué Ennemond Michon, de Fugières, au prix de 30 livres. »

L'année suivante, satisfait de son service, son maître porte son salaire à 33 livres.

A la même époque, en 1705, il loue, au prix de 36 livres, pour un an, Georges Clot, de Prunières.

Le même jour, Suzanne de Petichet entre dans la maison du Seigneur de Beaumont, comme servante, moyennant 15 livres par an.

Le 3 janvier 1709, il loue, en qualité de laquais, Pierre Seymat et lui promet, pour son salaire d'un an, 21 livres et sa casaque.

Le 25 décembre de la même année, Esprit Seymat s'engage à son service, pour un an, au prix de 20 livres.

Indépendamment de ces serviteurs, destinés aux travaux agricoles ou au soin des étables, et remplacés plus

[1] Hameau de la paroisse de Saint-Théoffrey.

souvent, le Seigneur de Beaumont avait dans sa maison de vieux serviteurs et des servantes, plus particulièrement attachés au service personnel des maîtres et de leurs enfants. Ses notes ne nous en disent presque rien. Cela tient à ce qu'ils n'étaient que très rarement remplacés et faisaient presque partie de la famille.

D'autres notes vont nous apprendre le mode de recrutement des ouvriers agricoles en temps de récolte, et nous faire connaître leur salaire.

« Le lundi [1] 27 juillet 1699, j'ay baillé à prix-fait, à moissonner, lier les gerbes et faire les gerbiers, la pièce de terre Devant l'Église, au prix, pour le tout, de 14 livres 11 sols, ce qui fait 30 sols pour chaque setterée et, outre ce, un pot[2] de vin pour chaque setterée, comptée sur le pied de huit et demie. »

« Le 26 juin 1707, j'ay baillé à prix fait pour moissonner, à raison de 29 sols par setterée et un pot de vin, savoir : à Guigues Marin et Jean Benoît, mon champ des Oches, pour trois setterées ; au Serrurier, les fonds que Michel Chauvin et le sieur Grangéron tenaient, pour neuf quartallées. » Il s'agit ici de terres de son domaine de Mayres.

« Le 16 juillet 1702, j'ay donné à faucher, aux Savoyards, mon Pré du Crey, pour le prix de 5 livres et 8 pots de vin. [2] »

Le nombre de pots de vin nous indique que ce pré contenait huit faucheurs, de vingt-cinq ares. Ouvriers de passage, les Savoyards étaient alors, comme ils l'ont été

[1] Le Lundi est le jour de marché à la Mure.
[2] Le pot de vin équivaut à 1 litre 1/2.

jusqu'à l'annexion de la Savoie à la France, moins exigeants que les ouvriers du pays.

Nous nous arrêterons ici dans cet examen du Livre de raison de Charles de Combourcier. Les bornes de ce chapitre ne nous permettent pas de disserter plus longuement sur ses notes. Nous laisserons au lecteur, assez curieux et assez patient pour nous suivre jusqu'ici, à travers ces citations, le soin d'en tirer d'autres comparaisons et conséquences.

Nous dirons pourtant qu'en cherchant, dans le Livre du Seigneur de Beaumont, la peinture de la vie agricole de son temps, nous nous sentions comme obsédé par le souvenir du sombre portrait que La Bruyère nous a tracé du paysan, à peu près à la même époque. Nous sortons de cette recherche avec cette impression agréable que, pour notre région du moins, si l'existence du cultivateur était dure, alors bien plus qu'aujourd'hui, elle n'était pas misérable, comme nous la montre La Bruyère. Si le paysan de ce temps-là avait bien moins de jouissances que le cultivateur de nos jours, il avait aussi beaucoup moins de besoins et possédait, à un plus haut degré, l'habitude de la sobriété, de la simplicité et de la résistance à la fatigue. On nous objectera peut-être que le Gentilhomme campagnard que nous avons eu pour guide dans cette recherche, n'était pas un homme sentimental. Nous pouvons affirmer qu'il était charitable et faisait partie d'une association existant à la Mure, pour les pauvres. Nous savons qu'il en était le Président en 1720.

Pour achever cette étude sur les conditions du cultivateur à la Mure et dans son mandement, au temps dont nous nous occupons, il faut ajouter ici que la grêle, la gelée et la neige, très abondante à cette époque, détruisaient parfois les récoltes, à des intervalles plus ou moins éloignés et c'était alors, pour le cultivateur et le petit propriétaire, un vrai désastre[1]. Quoique déjà connue, la pomme de terre, ce pain du pauvre, ce remède aux années de disette, n'était pas cultivée. C'est bien plus tard, que Parmentier et l'infortuné Lous XVI devaient réussir à la vulgariser en France.

Il existe aux archives de la Mure et aux archives départementales un document qui jette quelque lumière sur la situation que nous cherchons à connaître à cette fin de chapitre. Nous le reproduirons ici, mais non sans quelques réserves. C'est une demande en dégrèvements de tailles et autres charges, sous le titre suivant :

Remontrance des habitants du Bourg et communauté de la Mure.

Les exposants y font observer :

« Que ledit Bourg fut pillé et brûlé, et les arbres qui estaient aux environs coupés et abattus dans le temps des guerres civiles pour la religion, ce qui réduisit lesdits habitants à la dernière misère.

« Ils travaillèrent pendant quarante ans à s'en relever, et lorsque leurs maisons commençoient à être rétablies, ils furent affligés d'une incendie générale, laquelle arriva en 1621, et ledit Bourg estait perdu sans ressource si le

[1] Dans ses notes, M. de Beaumont cite deux chutes de grêle ayant détruit les récoltes.

Le 31 juillet 1707, il est obligé de faire faucher son champ devant l'Église, la récolte ayant été anéantie par la grêle. Les ouvriers employés à ce travail ne gagnent que 10 et 11 sols par sétérée.

Le 20 juin 1720, la grêle a entièrement gâté les blés autour de la Mure et autres lieux. Elle a ruiné toutes les vignes depuis l'Église de Savel jusques aux vignes du Beaumont.

sieur Connestable de Lesdiguières n'avait eu la charité de prêter aux habitants la somme de 20,000 livres, en constitution de rente, pour leur ayder à rebâtir leurs maisons et de laquelle rente ses héritiers ont perdu la plus grande partie, par suite de l'insolvabilité des débiteurs.

« Depuis ladite année 1621, ledit Bourg a encore souffert trois grandes incendies, scavoir : 1639, 1660 et 1691, outre plusieurs maisons particulières qui se sont brûlées en divers temps, le feu s'y prenant aysément parce que les baptiments dudit Bourg ne sont, pour la plupart, couverts que de paille.

« Le Terroir de la communauté est couvert, pendant l'hiver, d'une si grande quantité de neige, qu'elle fait mourir presque tous les bleds, ainsy qu'il est arrivé particulièrement en 1697 que les habitants n'eurent pas des grains suffisamment pour semer leurs terres et pour subsister, ce qui en réduisit plusieurs à la nécessité d'aliéner leurs capitaux[1] pour nourrir leur famille.

« Lesdits bleds sont sujets dans le printemps à la gelée et à une mauvaise herbe appelée tartarée[2], ce qui est cause que lesdits habitants ont presque toujours de mauvaises récoltes dans les mas qui composent leur territoire et particulièrement dans celuy des Revolies[3] et dans les fonds qui sont au-dessus de la citadelle, ainsy qu'il est

[1] Leurs bestiaux.

[2] C'est le Rhinanthus Cristagalli, ou Crête de Coq, plante parasite qui ne peut vivre qu'aux dépens des Graminées, en se fixant au collet de leur racine. Son remède consiste dans la culture des prairies composées de Légumineuses avec lesquelles elle ne peut vivre. Mais, hélas! le Treffle, l'Esparcette et la Luzerne ont aussi un parasite non moins destructeur, la Cuscute.

[3] Aujourd'hui les Revoulins, du latin *revolvere*.

justifié par plusieurs procès-verbaux des officiers de l'Élection, de l'un desquels il résulte qu'en 1660 on fut contraint de faucher les bleds parce qu'il n'y avoit du tout point de grain.

« Il est vray qu'il y a quelques fonds spéciaux et d'assez bon rapport aux environs dudit Bourg, mais ils sont exempts de tailles et appartiennent à l'Église ou à la Noblesse.

« Les baux à ferme des fonds de ladite communauté portent tous que le Maistre est tenu des cas de taille, année par année, ce qui est une preuve évidente de leur mauvaise qualité et des divers accidents auxquels ils sont sujets.

« Les mêmes baux à ferme prouvent encore l'infertilité desdits fonds, en ce que les meilleurs fonds ne sont arrentés qu'à raison de trois sestiers par sesterée, les médiocres de dix quartaux, les moindres de deux sestiers[1] et comme on ne les sème que deux en deux années, le produit des meilleurs par an est réduit à six quartaux, celuy des médiocres à cinq et celuy des moindres à un sestier, encore n'est-ce pour l'ordinaire que du seigle, ne s'y recueillant presque point de froment.

« La sesterée de pré ne s'arrente ordinairement que six livres et les vignes produisent si peu, qu'après qu'on a déduit les frais de la culture et du charroi et la valeur du fumier qu'il y faut mettre, il ne reste rien du tout au Maistre.

« Lesdits fonds sont sujets à des censes excessives

[1] Il s'agit ici de fermes à mi-fruits. Le cultivateur exploitant directement sa terre recueillait le double des quantités indiquées ici et dont le chiffre est sans doute abaissé, pour les besoins de la cause.

envers le sieur Duc de Lesdiguières, tant comme engagiste de ladite communauté que comme propriétaire du fief de Rochepaviot [1] et envers les Sieurs de Saillans, de Bonrepos, de Beaumont, de Venterol, Faure de Barraux, le Prieur du lieu, les Chartreux, le chapitre de Notre-Dame de Grenoble, les Dames des Hayes, la chapelle de Saint-Vincent, la Commanderie de Mésage, la Sacristie de Beaumont et la Maladrerie dudit lieu.

« La pluspart des habitants estant dans l'impuissance de subsister en payant les charges de leurs fonds, sont réduits à la dernière misère et on en voit jusqu'au nombre de 300 qui vont à l'aumône que le Prieur fait annuellement depuis la fête de Toussaint jusqu'à celle de Saint-Jean-Baptiste [2].

« Comme ledit Bourg est sujet aux fréquents passages des gens de guerre, tant pendant la paix, qu'en temps de guerre et aux quartiers d'hivers et de raffraichissement, les habitants s'imposent sur eux-mêmes plusieurs droits qui leur font un fonds pour les dédommager en quelque manière des dépenses que lesdits passages et logements

[1] Appartenant autrefois aux Allemans de Valbonnais, puis aux Seigneurs de Commiers.

[2] A la fin du siècle dernier, le nombre des pauvres à la Mure et dans les environs avait tellement diminué que très peu se présentaient à l'Aumône du Prieuré et que les familles de la Bourgeoisie y envoyaient quelquefois leurs valets recevoir un morceau de pain, pour le maintien du droit des pauvres.

Cette aumône a pris fin à la Révolution Française, par la vente des biens du Prieuré. Dans la haie de la belle prairie dite le Pré des Moines, qui en faisait partie, et qui dépend de la succession de M. Henri Giroud, il existe, du côté du chemin, une grosse pierre de granit blanc dans laquelle a été creusée une entaille qu'on croit être la mesure du morceau de pain que chaque pauvre devait recevoir.

leur causent et pour payer les charges locales qui consistent en une pension à la Chapelle royale de Saint-Jacques, aux gages du maistre, de la maistresse d'école et du ramoneur des cheminées, aux réparations de la maison de la boucherie et autres dépenses indispensables, etc. »

Il ne faut pas un grand effort d'observation pour voir que, dans cette pièce, les couleurs ont été poussées au noir pour les besoins de la cause. Les rédacteurs de la Remontrance y ont groupé des faits vrais, mais ils en ont exagéré la portée.

Ce document n'en est pas moins intéressant pour notre histoire locale. Il nous montre les malheureux habitants de la Mure mettant quarante ans à rebâtir leurs maisons ruinées par le siège et par l'incendie et bien plus de temps à sortir de la misère et à rétablir leurs terres restées incultes ou mal cultivées à l'époque des Guerres de religion. En leur venant en aide pour la reconstruction de leurs maisons, le terrible Connétable, devenu vieux, ne faisait que mettre un peu de beaume sur des blessures dont il avait été la cause.

Remarquons, en terminant, cet impôt volontaire qui devait être voté en assemblée générale des habitants, sous la présidence des consuls, et qui leur servait à payer les charges locales pour le passage des troupes, pour la rente due à la Chapelle de Saint-Jacques, le salaire du maître et de la maîtresse d'école, celui du ramoneur et de la maison de la boucherie ou abattoir communal[1].

[1] Cette pièce porte les signatures suivantes : Prel, Porchier, Laurent, Brizon, Arnaud, Caral, Émery, Molard et Achard.

M. Prel, l'un des signataires, avocat au Parlement, possédait à Pontcharra, au point où la commune de Saint-Honoré touche celle

CHAPITRE IX.

CHARLES II DE COMBOURCIER, DERNIER DES SEIGNEURS DE BEAUMONT.

C'est le 17 octobre 1727, quatre ans après son second mariage que décédait, à La Mure, Charles de Combourcier, premier du nom, Seigneur de Beaumont et de Saint-Eusèbe[1].

Nous ne rechercherons pas quels enfants lui avaient survécu de sa trop nombreuse lignée. Charles de Combourcier, second du nom, son fils, lui succédait, comme héritier universel, dans ses biens de la Mure et de Mayres

de la Mure, le Domaine d'une seule pièce qu'occupent aujourd'hui les héritiers de M. Basile Eymery. Il devait avoir comme dépendant du même Domaine des prés et terres au versant des Combes et des Revoulins, deux Mas qui terminent, au nord, la commune de la Mure. M. Caral possédait, au Mas des Combes, et ses descendants possèdent encore un assez vaste Domaine descendant vers Pontcharra. M. Eymery de la Chau, avocat au Parlement, était propriétaire d'un autre vaste Domaine, appelé la Méhérie, qui a passé de lui à la famille des de Gril de Prégentil, et appartient aujourd'hui à M. Reymond. Un autre signataire, l'avocat Molard, était allié à la Famille de Combourcier.

[1] Dame Marie Terrier, sa seconde épouse, lui avait survécu et vivait encore le 6 octobre 1750, date à laquelle elle figure, comme Marraine, au Baptême de Dlle Marie de Pontcharra des Herbeys, sa nièce, fille de Noble Jacques de Pontcharra et de Dlle Anne Terrier, habitant à la Mure.

et dans les Seigneuries de Beaumont et de Saint-Eusèbe.

Né à Mayres, le 6 janvier 1693, il avait 34 ans, quand il perdit son père et ce ne fut que deux ans après, le 28 août 1729, qu'il épousa Demoiselle Marie-Émerautiane Du Port, fille de Pierre Du Port, Conseiller du Roi, Trésorier général de France, et de Dame Marie Joubert.

Ce mariage donna le jour à deux filles :

Voici, d'après les registres de la paroisse de la Mure, l'acte de baptême de la première :

« Demoiselle Claudine de Combourcier, fille de Noble Charles de Combourcier et de Dame Marie Du Port, mariés, à la Mure est née le 27 avril et a été baptisée le 29 de l'année 1731. Son parrain, Noble de la Merlière, contrôleur d'artillerie à Grenoble, et sa marraine, Demoiselle Claudine Du Port, aux noms desquels elle a été présentée par Noble François d'Orléans, lieutenant de dragons au régiment d'Ermneonville et par Demoiselle Cécile Rome, épouse de Sieur Pierre Benoît, capitaine-châtelain, au Mandement de la Mure. »

L'acte de baptême de la seconde de leurs filles, que nous trouvons aussi aux registres de la paroisse de la Mure, nous fournit une particularité qui doit être remarquée :

« Marie-Magdeleine-Marguerite de Combourcier, fille de Noble Charles de Combourcier et de Dame Marie Du Port, est née le dernier du mois de février et a été baptisée le 1er mars 1735. Son parrain a été Claude Arnaud-Mordaigue[1], du village des Arnauds, paroisse de Marcieu, en

[1] C'était le cadet de l'une des familles notables de Marcieu, qui paraît avoir préféré entrer au service du Seigneur de Beaumont, plutôt que de vivre dans la maison paternelle, sous l'autorité de son frère aîné.

service chez le Seigneur de Beaumont, et la marraine, Magdeleine Panet, aussi en service chez ledit Seigneur de Combourcier. »

On peut voir par cet exemple frappant, jusqu'où, dans les siècles passés, et particulièrement dans cette noble et illustre famille, on pouvait en venir, en fait d'affection et de considération, dans le traitement des vieux serviteurs. A quel degré d'affection pour les enfants qu'ils portaient en baptême et de respectueux attachements pour les parents qui leur faisaient pareil honneur devaient arriver les serviteurs et les servantes ?

Ce n'était pas pour ceux-là que La Fontaine écrivait son vers célèbre :

Notre ennemi, c'est notre Maître.

Une sœur de Charles de Combourcier, ayant comme lui pour mère Elisabeth-Diane de Ricol, avait épousé, le 2 décembre 1729, Noble Louis-François Du Port, de Pontcharra, commissaire d'artillerie, dont elle eut deux fils, Charles-Emmanuel, né le 17 septembre 1736, et Jean-Frédéric, né le 30 janvier 1746.

Cette famille Du Port, de Pontcharra, descendait de Pierre Du Port, notaire et secrétaire du Roi, Maison et Couronne de France, Conseiller en la chancellerie du Dauphiné, maintenue par lettres patentes du mois de janvier 1659, vérifiées.

De lui vinrent deux branches, celle de Pontcharra et celle de Pontcharra des Herbeys, établie à la Mure.

François Du Port de Pontcharra, Seigneur des Herbeys et de Saint-Jacques, né à la Mure, en 1733, embrassa la carrière militaire. Devenu capitaine d'artillerie, il se trouva en 1756 au siège de Port-Mahon, et en 1757, à la funeste journée de Rosback.

Retiré ensuite dans sa terre des Herbeys, il s'adonna à l'agriculture et fit ouvrir, en 1777, le canal qui porte son nom et qui fut la source de la richesse de ce pays. Il est mort sans postérité, à Vienne, en Dauphiné, en l'année 1819[1].

Cette famille avait été attachée à l'hérésie de Calvin. Moyse Du Port de Pontcharra fut l'un des derniers tenants du protestantisme à la Mure, mais il abjura, avant de mourir, comme on va le voir par son acte de sépulture.

— « Le 23 septembre 1741, je soussigné, prêtre, curé, ai donné la sépulture ecclésiastique au corps de Noble Moyse Du Port de Pontcharra, âgé d'environ soixante-dix ans, et après avoir abjuré, durant le cours de sa maladie, les erreurs dans lesquelles il avait vécu longuement, en présence de témoins, savoir : Sieur André Terrier, Pierre Terrier, Messire Christophe Turc, vicaire de cette paroisse, Messire Louis-Borel, prêtre et ancien curé du diocèse, qu'il voulait mourir dans le sein de l'Église catholique, apostolique et romaine, renonçant de tout son cœur à l'hérésie de Calvin et à ses sectateurs. Il a été enterré dans la chapelle de Notre-Dame-de-Pitié, attachée à l'Église parrochiale. Ont assisté à son enterrement les confrères de la Congrégation des Pénitents du Saint-Sacrement, avec MM. les Prêtres et Bourgeois soussignés. Signés : Borel, Pourvis, curé, Barginet, curé, Turc, vicaire, Ravel de l'Argentière, Guillot, curé de Lavaldens, Terrier et Chuzin, curé. [2] »

[1] V. l'*Armorial du Dauphiné* de M. de Rivoire de la Bâtie.

[2] M. Charles Chuzin était un prêtre instruit, mais sévère. Aussi

Trop courts furent les jours de Marie-Émerautiane Du Port, épouse de Charles de Combourcier, second du nom, Seigneur de Beaumont. Après quelques années de mariage, elle décéda, sans disposition, laissant pour héritières, à parts égales, ses deux filles Claudine et Marie-Magdeleine-Marguerite de Combourcier.

La première avait cinq ans et la seconde une année seulement lorsque, à la date du 26 mars 1736, Charles de Combourcier, leur père, passait à de secondes noces avec Mademoiselle Marie Leblanc-de-Ferrières-de-Prébois.

Un peu plus d'un an après ce mariage, sa nouvelle épouse lui donnait un fils, Joseph de Combourcier, né à la Mure, le 27 août 1737. Mais hélas! Cet enfant dont la venue causait tant de joie à son père et à sa mère n'était pas destiné à vivre et mourut en bas âge.

Charles de Combourcier, second du nom, n'avait probablement pas les qualités d'ordre, d'activité et d'économie de son père. La fortune des de Combourcier devait continuer à s'amoindrir entre ses mains. Nous ne connaissons, de lui, aucun papier pouvant nous donner quelques détails sur son existence à la Mure et à Mayres. Nous n'avons vu de lui qu'une lettre d'une belle écriture, dans laquelle il demande, avec beaucoup de politesse, à son Procureur, son compte de frais dans un procès.

Mais quelques souvenirs recueillis à la Mure, auprès de personnes ayant vécu à la fin du siècle dernier, nous représentent le dernier des Seigneurs de Beaumont

son installation, à la Mure, rencontra-t-elle quelque opposition. Il administra sa paroisse pendant trente-quatre ans et mourut à l'âge de cinquante-huit ans, le 20 avril 1773, au moment où il venait d'être nommé Évêque.

comme étant d'un caractère mélancolique et hypocondriaque, du moins vers la fin de sa vie.

Alors dans tout l'éclat et toute la vivacité de la jeunesse, ses filles passaient une existence sans gaieté dans ce vieux manoir de la Mure, entre une belle-mère acariâtre et impérieuse et leur père qui les aimait beaucoup mais qu'elles ne parvenaient pas facilement à tirer de l'état habituel de mélancolie, où le plongeaient les infirmités de l'âge et la pensée qu'il était le dernier des Seigneurs de Beaumont.

Qu'on nous permette de placer ici un léger épisode dont on s'égayait encore à la Mure, au commencement de ce siècle.

Dans son humeur sévère et triste, le Seigneur de Beaumont exigeait que tous fussent couchés avant lui, dans sa maison des Tours et se promenait ensuite seul, pendant quelque temps, dans un corridor sur lequel s'ouvrait la chambre où couchaient ses filles. Après quelques va et vient de sa promenade mélancolique, il ne manquait jamais de s'approcher de la porte de leur chambre et de leur demander : Dormez-vous, Petites? De leur côté, les jeunes filles ne manquaient presque jamais de lui répondre — Oui, Papa. Après quoi le vieux Seigneur se retirait et elles entendaient le bruit de ses derniers pas s'éteindre dans le corridor resté silencieux.

Mais avant de s'endormir, elles s'entretenaient à leur aise des petites histoires de la ville, quand le bruit en venait jusqu'à elles et du plaisir qu'elles auraient eu à passer quelquefois la soirée dans des familles de leur connaissance, ou de leur parenté maternelle. Il y avait dans la famille de Pontcharra de jeunes hommes, leurs cousins, dont l'un au moins occupait quelque peu la pensée et les rêves de Claudine de Combourcier.

De leur côté, les jeunes Messieurs de Pontcharra n'étaient pas sans penser quelquefois à leurs cousines. Ils firent le complot de les amener un soir à l'insu de leur père, dans leur maison, avec l'approbation et la complicité de leurs parents qui blâmaient la trop grande sévérité du Seigneur de Beaumont.

Il n'était pas difficile, au moyen d'une échelle, de faire sortir ces jeunes filles, prévenues à l'avance, du château de leur père qui n'avait qu'un étage au-dessus du rez-de-chaussée, la fenêtre du corridor qui éclairait l'entrée de leur chambre s'ouvrant sur la rue du château, non loin de l'ombre favorable de la plus basse des tours. Mais la difficulté consistait à trouver un comparse qui consentît à s'installer dans leur chambre, à s'y ennuyer, sans s'endormir pendant leur absence, et à répondre d'une voix flûtée : Oui, papa, lorsque le vieux Seigneur, dans sa promenade accoutumée, viendrait s'arrêter devant la porte de la chambre de ses filles et leur dire : Dormez-vous, Petites?

Le comparse fut trouvé et s'acquitta très heureusement de son rôle. C'était un Figaro de cette époque, un peu bossu, mais très gai et très malin, nommé Martron, qui vivait encore, au commencement de ce siècle, à la Mure.

Jeunes gens et jeunes filles s'amusèrent beaucoup, mais la tradition ne dit pas si ce jeu, qui n'était pas sans danger, eut une seconde représentation.

La douleur, ici-bas, suit de très près les joies humaines. Claudine de Combourcier et sa sœur devaient bientôt avoir le malheur de perdre leur père. Il mourut le 31 décembre 1757. Son acte de décès, inscrit aux registres de la paroisse de la Mure, est ainsi conçu :

« Noble Charles de Combourcier, âgé d'environ soixante ans, est décédé le dernier décembre 1757, et a été enterré dans la chapelle de Notre-Dame-de-Pitié le 1er janvier 1758, en présence de Messieurs les Prêtres soussignés. Roussillon, Sacristain; Miard, Prêtre; Chuzin, Curé. »

Ses obsèques, on le voit, restèrent bien en dessous de la pompeuse ordonnance des funérailles d'Humbert de Combourcier, son aïeul, auprès duquel il allait reposer désormais.

Il laissait à ses filles, par égales parts, une succession grevée de dettes.

Après avoir obtenu du juge de la Mure l'autorisation de faire assigner les créanciers de leur père, et la Dame Leblanc de Ferrière de Prébois, sa veuve, Claudine de Combourcier et Marie-Magdeleine-Marguerite de Combourcier, représentées par Pierre Carron, Précepteur de la Jeunesse à la Mure, firent procéder, le jeudi 27 avril 1758, par Me Louis Aribert, notaire en Beaumont, substitut du greffier de la Judicature de la Mure, assisté de deux experts, à la description de l'état dans lequel le Seigneur de Beaumont, leur père, avait laissé ses bâtiments à la Mure, et à l'indication des réparations qu'il était urgent d'y faire.

Claudine de Combourcier épousa bientôt après Louis Du Port de Pontcharra, son cousin, officier d'artillerie, et sa sœur, Marie-Magdeleine-Marguerite de Combourcier, fut mariée à Monsieur Antoine-Barthélemy de Souchon de Loubière, Garde du Roi. Elles avaient bien besoin, à ce moment, d'être défendues et protégées; mais, devant les lenteurs et les détours de la justice, l'énergie de leurs jeunes maris devait rester insuffisante.

Marie Leblanc de Ferrière de Prébois, leur belle-mère, était restée en possession de la succession de M. Charles de Combourcier, son mari, la considérant comme son gage, et, dix ans après la mort du Seigneur de Beaumont, nous la trouvons encore, conseillée par un plaideur obstiné de Mens, le sieur Oddoz, en procès avec les Dames de Souchon de Loubière et Du Port de Pontcharra, qui ne pouvaient arriver à se faire restituer la dot de leur mère et les biens de leur père.

Ce fut alors que mourut la Dame veuve de Combourcier, toujours en possession de la succession de son mari, dont elle avait, jusque-là, touché les revenus, y compris le produit du Terrier, qui s'affermait au prix annuel de 600 livres. Elle laissait pour héritiers Alexandre Le Blanc, Sieur de Prébois, son frère, Magdeleine Le Blanc, sa sœur, veuve de Noble Yves de Chevalier des Oches, et Demoiselle Justine Le Blanc de Ferrières, sa sœur, par tiers entre eux.

Acheter, à vil prix, les droits des frère et sœurs de la Dame de Combourcier et reprendre le procès pour son propre compte, fut l'affaire du Sieur Oddoz.

Un long mémoire de l'avocat de Monsieur et de Madame de Souchon de Loubière nous fait assister aux péripéties et aux changements de juridiction, à travers lesquels se traîne cet interminable procès, au cours duquel le Sieur Oddoz parvint un instant à détacher les mariés de Pontcharra en devenant acquéreur de leurs droits. Mais ils ne tardèrent pas à regretter la faute commise et à reprendre, contre lui, l'action commune avec les mariés de Souchon de Loubière.

Nous ne suivrons pas plus loin l'auteur de ce mémoire, qui ne peut pas nous apprendre l'issue de ce procès. Il dura longtemps encore et fit dépenser beaucoup de temps et d'argent.

Les mariés De Souchon de Loubière et Du Port de Pontcharra le gagnèrent probablement, mais durent en sortir fort meurtris. — « Les procès nous ont ruinés, nous disait Monsieur Antoine-Claude De Souchon de Loubière, leur fils et neveu. »

C'est ainsi que finit le dernier des Seigneurs de Beaumont, et, avec lui, la noble et illustre famille de Combourcier.

ÉPILOGUE

M. ET Mme DE SOUCHON DE LOUBIÈRE.

A mes petits-enfants.

Quand vous rencontrerez ce volume parmi les vieux livres de ma bibliothèque, vous vous demanderez sans doute, mes chers enfants, comment votre grand-père en est venu à s'occuper autant de la Famille de Combourcier. Les quelques mots adressés à mon pays, à la première page, vous auront bien appris que c'est pour conserver à mon vieux la Mure quelques pages intéressantes de son histoire, que j'ai pris la plume, à un âge où plus habituellement on se repose. C'est bien là l'un des mobiles qui m'ont amené à composer ce livre. Mais il y en a eu un autre, le plaisir d'y travailler en souvenir de personnes que j'ai connues et aimées, pendant mon enfance et ma jeunesse, comme vous pourrez le voir, mes chers enfants, par ce chapitre final que j'ajoute ici pour vous qui m'apprécierez mieux que tous autres lecteurs.

Dans cette partie tempérée du canton de la Mure qui côtoie la rive droite du Drac, au bas des montagnes de Saint-Arey et de Senèpe, sont les villages de Mayres, de Savel et de Marcieu.

Cette petite région dont la vigne occupe la meilleure partie et donne le principal produit, malgré tous les fléaux qui l'accablent, est appelée, à la Mure, Au-delà du Sert [1]. Elle commence un peu plus loin que le village de Prunières, quand on a franchi ce précipice béant sur la Jonche qui porte le nom de Rochacieu et elle se termine au point de jonction des communes de Marcieu et de la Motte-Saint-Martin.

Pour qui possède un peu de latin et d'histoire, ces noms de Mayres, Savel et Marcieu éveillent, sans effort, la pensée d'une origine romaine.

Ils furent en effet, et on peut le dire sans témérité, puisqu'on en a des preuves, de petites colonies romaines, au temps de l'empereur Néron. *Marii, Savellii, Martii Campum, Castrum, ou Statio,* durent être leurs noms, du nom des chefs qui les fondèrent, lorsque Néron faisait ouvrir des marchés à Mens et que Mens s'appelait *Forum Neronis* [2].

Une voie romaine tendant de Mens à Grenoble et à Vienne, passait à Cornillon, *Cornellii, Campum,* à Villarnet, *via, ou villa Neronis,* franchissait le Drac au point où les roches se resserrent, un peu en amont de Savel, sur un pont dont il reste encore des vestiges [3], pour, delà, se

[1] En patois *Delay lou Sert.*

[2] On a trouvé, il y a peu d'années, à Savel, des monnaies de l'Empereur Néron et des briques Romaines.

[3] Ce pont, d'origine Romaine, a subsisté jusqu'à l'époque de la peste de Marseille. La crainte de la peste poussa les habitants des deux rives du Drac à s'isoler et à détruire le vieux pont Romain, en 1720 ou 1721.

diriger vers Savel et Marcieu, en traversant les bois de Romeyères, *Romæ iter*. Elle descendait ensuite à la Motte-Saint-Martin, où les Romains avaient fondé une station balnéaire à Commiers, à Champ, d'où elle allait franchir la Romanche, au point où nous voyons encore les débris d'une vieille chapelle indiquant la position d'un ancien bac ou d'un pont.

Mais laissons là cette digression historique et revenons au village de Mayres, si bien placé pour le plaisir des yeux entre ses vignes, ses vergers et ses champs, dans ce pli de terrain que forme la pente méridionale de Senèpe, à son point de contact avec la zone des cailloux roulés et d'alluvion ancienne qui repose sur les roches du Drac. Comme ses maisons respirent un air d'aisance et de propreté, à moitié cachées dans les noyers et les arbres à fruit, et comme le paysage est heureusement couronné par son église romane dominée par la tour carrée de son clocher en tuf, aux fenêtres trilobées, auquel les siècles et le soleil ont donné, sans la dégrader, ces tons chauds si chers aux artistes !

Non loin de l'église, mais un peu trop cachés aujourd'hui par d'autres constructions, se trouvaient, entre cour et verger, une maison et des bâtiments ruraux qui ont appartenu à la famille de Combourcier.

Avec ses portes et ses fenêtres en tuf et, sur le derrière, une fenêtre dont les verres sont enchâssés dans un treillis de plomb et protégées par des barres de fer en saillie, terminées par des fers de lance imitant la fleur de lys, la maison garde encore un vieil aspect de Gentilhommière.

C'est là que vivait au commencement de ce siècle et après la Restauration, et qu'a vécu jusqu'en 1851,

M. Antoine-Claude de Souchon de Loubière, chevalier de Saint-Louis, ancien garde du corps du roi Louis XVIII.

Né à Douzère[1] du mariage de M. Claude-Antoine Barthélemy de Souchon de Loubière avec Mlle Marie-Magdeleine-Marguerite de Combourcier, M. de Souchon de Loubière fils était déjà garde de Louis, Comte de Provence, frère de Louis XVI, quand éclata la Révolution française.

Il n'émigra pas alors, mais revint vivre bourgeoisement sous le simple nom de Souchon, à Mayres et à la Mure, avec sa mère devenue veuve. Dès les premiers jours de la Restauration de la monarchie en France, il reprit son service de Garde du Roi et, après deux ans, il se retira avec la croix de chevalier de Saint-Louis et une pension de retraite de capitaine de cavalerie, à Mayres, qu'il n'a plus quitté depuis lors.

Il était veuf alors d'une Demoiselle de famille noble du Comtat-Venaissin, qui, dit-on, était morte d'ennui dans le vieux château de Combourcier, à la Mure, où elle avait dû rester seule, avec des domestiques, pendant que son mari achevait son service militaire à Paris.

Avant elle, M. de Souchon de Loubière avait demandé en mariage Mlle Victoire Arnaud de Chanterel, petite-fille par sa mère du dernier des de Chanterel de Saint-Arey, à Mayres.

Mademoiselle Arnaud était l'une des plus jolies et des plus aimables filles à marier du canton de la Mure, et aussi l'une des plus recherchées. Trouvait-elle M. de Souchon de Loubière un peu trop âgé pour elle, ou, se voyant elle-même très jeune encore, lui parut-il préféra-

[1] Ancienne principauté, aujourd'hui Bourg du Département de la Drôme.

ble de conserver sa liberté? Elle le refusa, ne se doutant pas de la mésaventure qui l'attendait.

Elle descendit, un jour, de Mayres à Savel, et passa la journée auprès de mon Grand-Père qui était son oncle paternel. L'un de ses fils était au lit, retenu par une terrible maladie, la petite vérole. Mademoiselle Victoire Arnaud ne voulût pas repartir sans voir son jeune cousin. Elle eut même l'imprudence de lui serrer la main et elle ne rentrait pas à Mayres, qu'elle ressentait déjà des lourdeurs de tête, premier symptôme de cette maladie contagieuse. Elle fut à son tour clouée au lit, et gravement malade pendant quelques semaines. Mais elle guérit et, dès les premiers jours de convalescence, elle n'eut rien de plus pressé que de demander un miroir. Un moment après, le miroir volait en éclats. Elle ne s'y reconnaissait plus. Elle avait perdu sa beauté. Si elle en fut attristée, je n'ai pas besoin de le dire, mais elle avait un heureux caractère, elle se résigna.

.... Elle avait la bonté
Et la grâce plus belle encor que la beauté.

C'est Voltaire qui l'a dit et jamais cette pensée n'a été mieux appliquée qu'à Mademoiselle Victoire Arnaud.

A son retour de Paris, M. de Souchon de Loubière, quoique attristé aussi de la perte de sa beauté et de sa fraîcheur, trouva qu'elle était toujours la plus gracieuse et la plus aimable personne qu'il eût connue. Il ne tarda pas à la demander en mariage. Touchée de cette fidélité de la part d'un homme doué d'aussi belles qualités morales et physiques, et retrouvant, peut-être, au fond de son cœur, quelque regret de son refus, elle accepta.

Leur mariage fut célébré à Mayres, le 30 ventôse an 8, ou 21 mars 1800.

Ils y ont passé ensemble une longue et heureuse existence, quoique non exempte des peines de cette vie, parmi lesquelles la plus vive a été celle de n'avoir pas d'enfants.

M. de Souchon de Loubière avait une figure mâle et énergique, mais taillée à grands traits, une taille de Titan et la force d'Hercule, un bel air de gentilhomme, mais point de prétention. Était-ce, des de Combourcier, ou des de Souchon de Loubière qu'il tenait cet aspect Herculéen ? Je ne saurais le dire.

Après sa retraite et son mariage, il n'avait plus quitté Mayres que pour visiter de loin en loin quelques amis à la Mure, parmi lesquels mon père qui était le cousin germain de Mme de Souchon de Loubière. L'un et l'autre y trouvaient toujours, dans notre maison, le gîte et le couvert et le meilleur accueil. Dernière épave de leurs biens à la Mure, le vieux château des de Combourcier avait été vendu depuis longtemps, pour achever de payer les frais des derniers procès.

Ainsi retiré à Mayres, M. Souchon de Loubière vivait très honorablement, mais simplement, respecté de tous, sous le simple nom de Souchon, auquel il n'ajoutait jamais de particule, s'occupant de ses affaires et de celles de la commune dont il fut Maire pendant très longtemps. Il chassait au lièvre, chaque matin, pendant les trois quarts de l'année, parfois avec des amis, plus souvent seul, ou accompagné de son fermier, Vernet, dit Birole. Il dirigeait la culture de son domaine, relisait ses vieux livres, en hiver, ou bien passant le temps à tisonner les bûches de chêne et de vieux noyer, au coin de l'antique cheminée des de Combourcier, dans cette vieille cuisine voûtée où il me semble le voir encore et dont l'unique ornement consistait en un vieux buffet en noyer surmonté d'un dressoir où s'étalaient agréablement de vieilles assiettes et des plats en faïence de Moûtiers, aux arabesques bleues, avec l'écusson des de Combourcier.

Ce fut dès mon enfance que je vins à Mayres, au temps des cerises, pour reprendre, à vivre en plein air, la force et la santé qu'une fièvre intermittente m'avait fait perdre.

Me traitant comme leur enfant, M. et Mme Souchon me laissèrent grimper sur les arbres de leur verger, alors en très bon état, et vagabonder quelque peu, à travers le territoire de Mayres, piloté par un jeune paysan un peu plus âgé que moi. Plus souvent, je suivais de près Mme Souchon, toujours si bonne et qui m'aimait beaucoup, faisant en sa compagnie une promenade à son jardin, ou jusqu'à sa vigne des Treilles, où existe une source thermale dans laquelle les couleuvres aiment à se réchauffer, et dont les eaux font croître merveilleusement les légumes et les primeurs.

C'est ici que se place pour moi un agréable souvenir d'enfance qui prouve combien, toujours jeune par le cœur, M. Souchon de Loubière savait redevenir enfant, pour amuser ce jeune cousin qu'on lui avait envoyé de la Mure. Derrière sa maison croissait et fleurissait abondamment un magnifique sureau. M. Souchon y coupe une belle branche, pour y tailler pour moi un de ces pétards chers à l'enfance, qui se complètent par une baguette en bois dur et deux balles de chanvre. Si je fus heureux de la possession de cet engin bruyant, je vous le laisse à deviner ; j'y ajoutai bientôt une pompe aspirante et foulante, fabriquée par moi avec un beau fragment du même sureau, privé de sa moelle.

Je ne cessai plus dès cette époque, de revenir, chaque année, chez M. et Mme Souchon, et nous nous y arrêtions toujours, quand nos vendanges nous appelaient à Savel. Cinq ans après ce premier séjour que j'y avais fait, j'y fus amené, au temps des vacances, pour y passer quelques jours en l'agréable compagnie d'un neveu de M. Souchon de Loubière. C'était un fils de M. François de Souchon de Loubière, son frère, négociant en soieries à Lyon. Ce jeune homme, de la meilleure éducation, venait d'achever sa classe de seconde ou de rhétorique et donnait les plus belles espérances.

Son oncle nous permettait de chasser aux becfigues et autres petits oiseaux, dans son verger, où, du haut des noyers, les jolis grimpereaux s'amusaient à nous narguer au point de jonction des branches, ne nous laissant voir que la moitié de leur tête et leur bec acéré. Mais nous avions alors l'œil vif et la main prompte.

Le fusil dont on avait armé le jeune Souchon de Loubière était une vieille arme, trop facile à la détente. Un accident faillit en être le résultat, ce qui nous fit renoncer à la chasse aux oiseaux, pour nous livrer, avec ardeur, à la chasse aux insectes que collectionnait, avec passion, ce jeune Lyonnais. Que de courses folles après les cicindelles, ces carnassiers si jolis, de l'ordre des coléoptères, avec leurs élytres où se mêlent si bien le gris de perle et le vert d'eau ponctué de noir! Que de patientes recherches dans les écorces des vieux pins de Mayres, où nous trouvions de belles saperdes, de ce jaune particulier bien connu de tous les collectionneurs d'insectes, si élégantes avec leurs antennes finement articulées! Et quel triomphe c'était pour nous de rencontrer sur les chênes du voisinage et d'y surprendre ces capricornes d'un noir de laque, dont les antennes, recourbées en arrière, dépassaient de beaucoup le corps de l'insecte!

Ces jours de vacances finirent trop tôt et quelques mois après, quoique rentré à Lyon en pleine santé, le jeune Souchon de Loubière y mourait prématurément, comme son frère aîné. A ces fils de la plus haute espérance, M. François Souchon de Loubière avait eu le malheur de survivre, mais il mourut aussi bientôt après eux[1].

Mais nous avions grandi. J'achevais mes études de Droit; mon frère touchait à la fin de ses classes. Notre sœur, dont Mme Souchon de Loubière était la marraine, était devenue grande fille.

Tous les ans, au temps des vacances, nos parents nous permettaient de passer, avec quelques amis et condisciples, une semaine de chasse à Mayres, à Savel et Marcieu. Nous composions ainsi un groupe de jeunes chasseurs pleins d'entrain, pourvus d'excellentes jambes et d'une provision inépuisable de bonne humeur. Il y avait là : Césaire S., toujours aimable, excellent chasseur, chanteur des plus agréables ; Auguste F., beau parleur et gai compagnon, dont les parents nous recevaient, à leur tour, au château de V.; puis, un plus jeune, le joyeux et spirituel Antonin C., futur docteur de grande espérance.

Nous partions de la Mure, dès le lundi au soir, pour Mayres, où nous trouvions toujours chez M. et Mme Sou-

[1] M. François de Souchon de Loubière n'a laissé que des filles, Madame Gamot, épouse de M. le Directeur de la condition des soies à Lyon, et Madame Esther de Souchon de Loubière, épouse de M. Curé, Docteur en médecine à Pierre, département de Saône-et-Loire.

chon le gîte et le couvert et le plus affectueux accueil.

Le mardi matin, nous chassions au lièvre, à Mayres, pilotés par le père Vernet, dit Birole, fermier de M. Souchon, dont je n'oublierai jamais la bonhomie et la complaisance. Nous y dînions, et l'après-midi nous descendions à Savel, où ma sœur et notre tante, presque aussi jeune que nous et non moins gaie, remplissaient le rôle de maîtresses de maison.

Le mercredi, avant l'aube, nous entendions, dans la cour, un aboiement de chiens, ou un coup de sifflet, qui nous trouvaient déjà sur pied et prêts à partir. C'était notre excellent oncle, M. Valentin Arnaud, vieux chasseur des plus habiles, mais toujours jeune de cœur et de jambes, qui venait nous diriger et nous conduire aux meilleurs endroits. Nous chassions au lièvre, toute la matinée de ce jour et du lendemain. L'après-midi, nous chassions la perdrix, nous mangions du raisin, ou nous allions passer quelques heures agréables sous les grands pins de Romeyères d'où nous voyons, au delà du Drac, le château d'Herbelon, flanqué de ses tours rondes.

Le jeudi soir, nous montions chez mon oncle, aux Arnauds, commune de Marcieu, où nous attendaient, de sa part et de toute sa famille jeune et nombreuse, l'accueil le plus cordial et des repas qui ressemblaient aux noces de Gamache.

Ah ! le joyeux temps que c'était, comme il faisait bon vivre ! Quelle bonne, douce et laborieuse population nous trouvions à Mayres, à Savel, à Marcieu ! Nous ne rencontrions que des visages amis. On ne connaissait alors ni phylloxera, ni mildiou, ni politique. On n'y lisait pas des journaux.

Le lièvre n'était pas rare alors, et puis quels excellents

maîtres nous avions en mon oncle et le père Birole ! Ils avaient tué beaucoup de lièvres en leur jeunesse, et se trouvaient heureux de nous voir abattre du gibier, aux meilleurs postes qu'ils nous indiquaient si bien.

M. de Souchon de Loubière, au contraire, et c'est le seul petit travers que je lui aie connu, éprouvait comme un brin de jalousie, quand il apprenait qu'on avait tué quelque lièvre à Côte-Plaine, au Champ d'Abel, au Sert des Fourches, ses anciens territoires de chasse, où ses vieilles jambes refusaient maintenant de le porter. Il nous avait fait manger son dernier lièvre ; il l'avait tué à quatre-vingt-deux ans, et il avait certes bien le droit de se reposer.

— Est-ce bien toi qui l'as tué ? me disait-il, en voyant dans le filet de ma gibecière l'un de mes premiers lièvres.

— Le point me paraît indiscutable, lui répondis-je ; personne autre que moi n'a brûlé de poudre. Mais il n'avait pas tardé à se résigner à rester au logis, et à trouver bons les lièvres que d'autres avaient tués.

Un jour pourtant, il avait encore essayé de nous suivre, le père Birole et moi, sur un terrain facile qui s'étend au-dessus des vignes, sous le village de Mayres ; mais il avait plu la veille, la terre était un peu glissante, et il ne s'y sentait pas assuré. Il ne tarda pas à trouver un prétexte pour rester en arrière et rentrer au logis.

Ce fut peu de temps après, qu'ayant à signer un certificat de vie que mon père lui délivrait pour toucher sa pension de retraite, il vint à cheval à la Mure. Habile cavalier, dans sa jeunesse, il avait toujours fort bon air à cheval, et ce jour-là, il était encore assez lestement monté en selle, dans sa cour, à Mayres. Mais lorsque, arrivé à la Mure, il voulut mettre pied à terre, sa jambe lui parut lourde à faire passer au-dessus de la croupe de son cheval. Après quelques instants de repos chez mon père, il me pria de lui prêter ma canne, pour aller faire sa promenade à travers le marché. Il marchait encore droit comme un jonc, mais il ne se sentait plus solide sur ses jambes comme autrefois. Il ne revint plus à la Mure.

Pourtant le cœur ne vieillissait pas chez lui, comme vous allez le voir.

Arrivés de la veille à Mayres, nous y avions tué le mardi matin un lièvre que nous offrîmes à Monsieur et Madame Souchon. Il fut mis en civet pour notre repas de midi et, sous la main habile de Madame Souchon, il fit un de ces plats délectables dont les maîtres d'hôtel ne sont plus capables aujourd'hui. Deux perdreaux tués la veille par nous aux Roches de Côte-Guérin firent un rôti non moins excellent et le tout arrosé de bon vin de cette vigne des Treilles, si bien plantée par les de Combourcier, constitua, avec une salade et un plat maigre, un repas exquis.

Lorsque nous étions plus jeunes, M. Souchon, toujours sobre et méthodique, nous versait à boire avec plaisir, mais avec mesure. C'était du moins ce que trouvaient un peu nos gosiers de chasseurs altérés. Mais quand nous fûmes devenus de jeunes hommes, l'un de nous, sous forme de politesse et comme pour en éviter la peine à M. Souchon, s'empara de la bouteille, et le bon vin des Treilles coula un peu plus libéralement.

Il nous avait quelque peu mis en gaité ce jour-là. Pour la vingtième fois, nous avions fait répéter à M. Souchon de Loubière comment il avait jadis donné un coup de poing sur le nez du cheval de M. de Lafayette. C'était le 5 octobre 1789. La populace de Paris avait envahi les cours et les abords du Palais de Versailles. M. Souchon et quelques camarades étaient allés, dans la matinée, chasser le lapin de garenne et lorsque, encore vêtus en chasseurs, ils rentraient à Versailles pour reprendre leurs vêtements militaires et leur service auprès des Princes et du Roi, la chose n'était pas facile. Il avait fallu se faire ouvrir péniblement un passage à travers la foule ameutée. Et c'est alors que le cheval de M. de Lafayette dut se cabrer sous le coup de poing que lui administra M. de Souchon de Loubière.

Notre gaité l'avait gagné ; il avait, comme nous, dîné d'un bel appétit et bu avec un peu moins de méthode qu'à l'ordinaire. — Allons! dit-il, quand nous nous levâmes de table, après une tasse de cet excellent café que préparait alors fort méthodiquement Mme Souchon, en ce temps où l'usage de la Dubelloy n'avait pas encore pénétré à Mayres, — un rigodon avant de partir pour Savel ; je me charge de représenter l'orchestre. Ah ! les Dames vont peut-être manquer.... Mme Souchon dansera bien encore une fois et j'aperçois, par la fenêtre, Victorine Birole qui ne fera pas trop mauvaise figure. C'était la fille de son fermier, ayant alors seize ans, d'une fraîcheur et d'une beauté rares parmi les jeunes paysannes dont le soleil et les vents ont bien vite hâlé le teint.

Le rigodon commença avec entrain. Il me semble voir encore ce chevalier de Saint-Louis, très droit, malgré ses quatre-vingts ans, nous dépassant de la tête, avec sa haute taille, chantant les rigodons de sa jeunesse à ces jeunes gens qui se trémoussaient à qui mieux mieux, autour de lui, dans la vieille cuisine voûtée des de Combourcier, momentanément transformée en salle de bal,

15

pendant que tremblaient dans leurs dressoirs les plats et les assiettes armoriés.

C'est vers ce temps-là qu'il faut placer ici un souvenir d'un autre genre.

M. de Souchon de Loubière était quelque peu en froid avec son curé, l'abbé V., prêtre tout à son devoir, mais rustique et de peu d'éducation. A ses côtés et gouvernant la paroisse, au moins autant que lui, était sa sœur, ayant depuis longtemps cessé d'être jeune et gracieuse. C'était sur elle que retombait plus souvent la mauvaise humeur de M. Souchon : Ah ! disait-il, voici encore la Nanette V. !

Vers cette époque, une mission fut prêchée à Mayres, par un religieux plein de zèle, de talent et de charité. Il n'eut pas de peine à remettre M. le Chevalier en paix avec son curé et avec le bon Dieu.

Si Mme Souchon en fut plus heureuse que son curé ? Vous n'aurez pas de peine à le deviner.

Mais les années s'écoulaient, toujours heureuses et paisibles, dans cet excellent ménage. M. de Souchon de Loubière touchait aux extrêmes limites de l'âge, conservant jusqu'à la fin la plénitude de ses facultés.

Il eut pourtant, mais pour un temps très court, une légère éclipse dans sa mémoire.

Je passais à Mayres, à ce moment-là. Pendant que je faisais mettre mon cheval à l'écurie, M. Souchon, averti de mon arrivée, était venu m'attendre sur le seuil de sa porte dont le vieux tuf formait un cadre tout à fait approprié à la taille du vieux gentilhomme. — Ah ! te voici ! me dit-il ; tu arrives fort à propos, je veux te faire voir la belle jument que j'ai ramenée de Versailles.

Je n'eus pas besoin du signe que me fit Mme Souchon, placée derrière son mari, pour comprendre et me prêter à cette petite comédie. De sa voix toujours forte, M. Souchon appela son fermier et lui donna l'ordre d'amener sa nouvelle jument. Un instant après nous avions devant nous la vieille jument noire qui, pendant longtemps, avait transporté à la Mure M. et Mme Souchon. — Ce n'est pas celle-là ! Comment peux-tu te tromper ainsi ? s'écria M. Souchon.

Le vieux fermier se hâta de ramener la jument noire à l'écurie et reparut, un instant après, tenant en bride la jument rousse qui lui appartenait. M. Souchon de Loubière s'approcha, passa complaisamment la main sur la croupe de la jument et se tournant vers moi, d'un air satisfait : — Eh bien ! tu vois, Victor, j'avais oublié de te dire qu'elle est de couleur Isabelle. — Elle est fort belle, lui répondis-je, et vous avez parfaitement choisi.

La faiblesse de sa vue l'entretenait dans son erreur qui avait pour point de départ un songe pendant lequel il avait fait son voyage à Versailles. Mais cela n'eut pas de durée. Peu de jours après il se réveillait dans son état ordinaire et ne parlait plus de sa jument couleur Isabelle.

Ceci se passait au mois de septembre.

Le 13 février suivant, se sentant plus faible, M. Souchon voulait faire son testament par lequel il instituait Mme Souchon son héritière universelle, pour que, lorsqu'il ne serait plus, elle fût à l'abri de toute recherche.

Un an plus tard, âgé de quatre-vingt-douze ans, il se mit au lit, et quelques jours après, attristés, nous assistions à ses funérailles.

Mme Souchon de Loubière parut supporter cette séparation avec beaucoup de courage et de résignation. Mais, restée seule avec une servante, elle trouvait bien profonds le vide et le silence qui s'étaient faits autour d'elle.

Elle mourut à son tour en avril 1854.

Elle tenait à Mayres une place que personne n'a pu remplir après elle. S'il n'y a pas à Mayres de pauvres qui tendent la main, il y a, comme partout, plus d'une misère, et l'on trouvait toujours chez Mme Souchon un bon conseil, un bon exemple et cette charité discrète qui semble demander un service à celui qu'elle oblige.

Bien du temps s'est écoulé depuis lors : je n'ai plus pu passer à Mayres sans me sentir attristé, n'y retrouvant plus ceux que j'y avais connus et aimés. Et plus d'une fois j'ai dû retenir une larme furtive quand au vieux cimetière je voyais blanchir les pierres qui marquent la place où reposent leurs dépouilles mortelles.

Est-il besoin, après cela, mes chers enfants, de vous expliquer davantage comment j'ai été amené à faire des recherches sur la famille de Combourcier ? Des papiers qui m'ont servi à ce travail, la majeure partie me vient de M. et de Mme de Souchon de Loubière, d'autres m'ont été communiqués par M. Beyle, neveu de Mme Souchon, ancien maire de Prunières, et enfin j'ai pu en consulter une dernière partie qui a été déposée à la mairie de Mayres.

TABLE DES CHAPITRES

TABLE ALPHABÉTIQUE

Pages

A

B

D

E

F

G

H

I

J

L

R

Pages.

S

T

Pages.

U

V

Y

ERRATA

Page 26. Dans la note au bas de la page, *lisez :* nous la transcrivons, *au lieu de :* je la transcris.

Page 49. Date du Testament d'Humbert de Combourcier, *lisez :* 7 mars 1535, *au lieu de :* 7 mars 1835.

Page 96. Date du Testament de Jacques de Combourcier, *lisez* : 3 août 1589, *au lieu de* : 2 août 1589.

Page 61. 7ᵉ ligne, *au lieu de* : Confréries, *lisez* : confrères.

Page 135. 16ᵉ ligne, *lisez* : Sallians, *au lieu de* : Salliaux.

Page 139. Placer un point d'interrogation à la fin de la 13ᵉ ligne.

www.ingramcontent.com/pod-product-compliance
Ingram Content Group UK Ltd.
Pitfield, Milton Keynes, MK11 3LW, UK
UKHW021046220726
13924UKWH00005B/2044